2 ans

Jeux & activités

POUR VOTRE ENFANT

Textes : Catherine Vialles
Illustrations : Philippe Matter

RETZ

2 ans déjà ! Doué d'une insatiable curiosité pour le monde, votre petit explorateur s'aventure chaque jour un peu plus. Son équilibre est précaire, son langage restreint mais ni sa maladresse, ni sa patience limitée ne parviennent à entamer son enthousiasme. On peut donc déjà entreprendre avec lui une multitude de choses, d'autant que tout ce que vous faites ensemble revêt à ses yeux une très grande valeur.

Les 150 activités proposées dans ce volume ont été choisies pour leur adéquation aux trois grands axes de développement de l'enfant de cet âge : prise de conscience du corps, acquisition de l'habileté motrice et début de l'acquisition du langage.

Toutes ont été conçues pour s'adapter aux différentes situations de la vie quotidienne : intérieur, extérieur, voyages en train ou en voiture, milieu urbain ou nature, présence ou non de petits camarades.

Vous pourrez les proposer à l'enfant selon ses besoins du moment : besoin de bouger et de se dépenser physiquement, prépondérant à cet âge, besoin d'expérimenter, de comprendre, de s'exprimer et de créer...

Vous constaterez que la plupart de ces jeux font d'emblée la joie des petits : jeux de nourrice (formulettes, comptines, jeux de doigts), préparations culinaires, jeux d'eau et de sable. Mais d'autres peuvent ne pas susciter immédiatement l'enthousiasme. Dans ce cas, il est inutile d'insister : vous les proposerez à nouveau un peu plus tard.

Enfin, la majorité des activités proposées ici ne nécessitent qu'un matériel restreint et peuvent s'improviser à tout moment.

Seuls comptent le désir et le plaisir d'agir !

Pour vous y retrouver d'un coup d'œil

* Facile

** Pas si simple

*** Plutôt difficile

Motricité fine

Activité corporelle

Observation

Seul

Dehors

Activité artistique

Bricolage et cuisine

A plusieurs

Dedans

Jeu de langage

Jeux de nourrice ou jeu pour se calmer

1

Mère Fouettard

Vous avez le dos tourné : pendant ce temps, votre chérubin en profite pour entamer une danse de Saint-Guy effrénée. Sauter, gesticuler, grimacer horriblement, tout est possible jusqu'à ce que... vous vous retourniez, l'œil impitoyable : stop ! Tout s'arrête, votre fou-furieux s'immobilise, sage comme une image, jusqu'à ce que vous lui tourniez le dos à nouveau, et que la sarabande reprenne de plus belle.

*** Se défouler puis se calmer, atteindre une bonne maîtrise de son corps, de ses réflexes... et en plus, c'est drôle !*

2

L'épouvantail

Choisissez des vêtements trop petits ou usés de votre marmouset (combinaison-pyjama, vous aurez moins de coutures !), une vieille paire de chaussettes, de moufles, du tissu pour la tête, un bonnet... Bourrez le tout de chiffons, cousez de façon à obtenir une silhouette de forme approximativement humaine. Votre enfant sera content de vous aider à bourrer l'épouvantail (difficile à prononcer... à ne pas confondre avec éventail !), à en désigner les différentes parties. Ce jouet de récupération sera vite adopté.

* *Vous allez perdre un peu de temps à fabriquer l'épouvantail, mais nombreux sont les jeux de découverte du schéma corporel ou d'expression que vous pourrez improviser à partir de cette gigantesque marionnette. Voir les activités des fiches 4 et 12.*

Bécassine

3

Décidez donc d'exécuter une tâche simple (préparer un yaourt, enfiler son manteau, verser à boire) en ayant tout oublié : votre enfant sera chargé de vous indiquer (dans l'ordre !) les différentes actions vous permettant d'arriver au but que vous vous étiez fixé ! Pas si facile : il sera obligé d'employer le terme juste (soyez sourde aux « trucs » et aux « machins »), et vous, vous devez exécuter au pied de la lettre, même jusqu'à l'absurde, des ordres plus ou moins cohérents...

*** Vous pouvez varier à l'infini les situations : voici un jeu de langage et de réflexion qui oblige à reconstituer une suite logique, un enchaînement d'actions, à trouver le mot juste...*

4

L'épouvantail malade

Votre épouvantail (ou l'ours, la poupée) sont malades ; mais votre petit guérisseur, muni de sa baguette magique (règle, crayon...), va toucher vaillamment les différentes parties du corps souffrantes pour les guérir : tête, pied, coude, épaule...

* *Nommer et montrer les différentes parties du corps : une aide précieuse à la prise de conscience du schéma corporel.*

Premier livre de maths

5

Découpez au préalable 5 feuilles blanches de même dimension. Préparez ensuite un pinceau, et quelques couleurs simples à reconnaître. Aidez alors votre enfant à se badigeonner le pouce de la couleur de son choix, puis à l'imprimer sur la première feuille. Recouvrez ensuite le deuxième doigt d'une autre couleur et imprimez les deux doigts sur la seconde feuille. Continuez feuille après feuille, doigt après doigt jusqu'à obtenir la main entière.
Rangez dans l'ordre les feuilles de votre petit livre ; une feuille cartonnée, pliée en deux et décorée par votre petit graphiste formera la couverture de son premier livre : on pourra s'amuser à y reconnaître les couleurs, à compter le nombre de doigts, puis plus tard à les nommer.

* *Fabriquer soi-même l'un de ses premiers livres éducatifs.*

6

Il passe une voiture...

Il passe une voiture,
Qu'y a-t-il dedans ?
- Un panier.
Qu'y a-t-il dans le panier ?
- De la paille.
Qu'y a-t-il dans la paille ?
- Une poule.
Qu'y a-t-il sous la poule ?
- Un œuf.
Qu'y a-t-il dans l'œuf ?
- Le blanc.
Qu'y a-t-il dans le blanc ?
- Le jaune.
Qu'y a-t-il dans le jaune ?
- Une aiguille.
Qu'y a-t-il dans l'aiguille ?
- Un trou.
Qu'y a-t-il dans le trou ?
- Une grosse bête qui court après toi !

*** * Une drôle de comptine-histoire en forme de dialogue. Votre enfant vous donnera la réplique lorsqu'il connaîtra son texte.*

7

Une bonne pâte

Voici une excellente recette qui permettra à votre enfant des créations en volume que vous pourrez conserver.
Mélangez à un verre de farine un demi-verre de sel fin, puis de l'eau jusqu'à consistance d'une pâte souple qui ne colle pas aux doigts.
Cette pâte lisse et peu coûteuse est agréable à travailler, durcit à l'air ou se fait cuire (et prend alors une jolie couleur dorée). On peut l'absorber sans danger, et c'est moins salissant que la pâte à modeler !

** Votre enfant pourra fabriquer lui-même sa pâte à sel. La pâte non utilisée se conserve quelques jours dans le réfrigérateur, dans un sac en plastique fermé. C'est le matériau idéal pour des productions en volume ou à plat : on peut décorer ensuite les réalisations à la gouache.*

8

Traces

Toutes les occasions sont bonnes à saisir pour dessiner et laisser sa trace ; tous les supports, tous les outils permettent de produire de nouveaux tracés : dans le sable, sec ou mouillé, avec un doigt, un bâton, un pied... La neige offre sa surface immaculée et on labourera d'une allègre fourchette des assiettées de purée ou d'épinards. Sur la buée des vitres, en rebroussant les poils de la moquette, en soufflant dans la mousse du bain, rien ne peut arrêter le coup de patte enthousiaste des petits artistes.

* *Améliorer la maîtrise du geste graphique en toutes circonstances.*

Marionnette de toilette

9

Agrémentez les moments (toujours un peu délicats) de la toilette en transformant un ou plusieurs de vos gants de toilette en marottes complices : broderies à la machine ou à la main, applications de tissus de couleur vous permettront d'ajouter tous les petits détails (yeux, nez, bouche, joues, oreilles, cheveux, casquettes ou chapeaux) qui sauront donner vie à n'importe quel gant de toilette un peu terne.
Et rien n'empêche à la marotte-laveuse, pendant qu'elle remplit son office, de murmurer ses histoires préférées, celles qui permettront de ne pas perdre patience, même pendant les instants que l'on n'apprécie pas toujours à leur juste valeur. Elle en profitera pour raconter ses parcours et se laissera même manipuler avec bonne grâce par les petites mains elles-mêmes.

✱ Un gant de toilette qui prend vie et transforme la toilette en jeu.

Le monde à la loupe

10

Munissez votre Sherlock junior d'une loupe : il découvrira le monde sous un autre angle ! Vous le verrez partir en quête des plus passionnantes découvertes visuelles, examiner minutieusement les moindres détails d'un mur ou d'un tapis ou s'élancer en explorateur dans la forêt vierge d'un carré d'herbes : fascinantes courses d'insectes géants dans une végétation luxuriante...

* *Un autre œil pour observer l'univers.*

11

Il est minuit !

On délimite au préalable (tracée au sol) une maison-refuge qu'on sera trop heureux de regagner au moment voulu. Tous les petits joueurs s'égaillent dans la nature, mais le loup rôde... On plaisante, on le questionne... De temps en temps, on lui demande innocemment l'heure. Il n'y a aucun risque jusqu'à l'heure fatidique : minuit. Mais alors le loup s'élance, et l'on se réfugie en piaillant dans la maison. Les malheureux enfants « mangés » deviennent fils du loup, et l'aident dans sa quête. Le jeu s'arrête quand on ne compte plus aucun survivant...

* *On éprouve une grande jubilation à se faire peur, à se réfugier dans un abri, puis à devenir loup à son tour...*

Le double de l'épouvantail

12

Donnez à votre épouvantail différentes postures : couché sur le dos, sur le ventre, un bras levé, un bras puis une jambe, assis en tailleur (servez-vous d'une chaise !), la tête roule sur elle-même... Le jeu consiste pour votre enfant à reproduire exactement les positions de l'épouvantail (ou de l'ours). Vous pouvez ensuite inverser les rôles : l'enfant propose une posture que la créature doit effectuer à son tour avec son aide.

✱ Ce jeu aide à exercer la maîtrise de son corps, observer pour reproduire certaines positions, donc prendre conscience de son schéma corporel : s'assouplir, puis se détendre.

13

Au milieu des tempêtes

Vous êtes allongé(e) sur le dos, genoux relevés, enfourché(e) par votre petit capitaine qui va devoir essuyer une forte tempête (mieux vaut choisir le lit comme terrain de jeu...). Donnez-lui les mains pour éviter qu'il ne coule corps et biens et commencez à vous agiter dans tous les sens. Soulevez hanches, bassin, ventre et reins en soubresauts de plus en plus déchaînés jusqu'à ce que, au bord de l'épuisement, la mer retrouve enfin son calme. Repos !

** Excellente façon de se muscler de concert en délassant les esprits.*

14

Boîtes à ranger

Ces boîtes aideront votre enfant à mieux organiser son espace de rangement : vous utiliserez simplement des cartons d'emballage ou des boîtes en carton à monter soi-même. Vous sélectionnerez la forme qui symbolisera le mieux le contenu de la boîte (petite voiture, gros lego, cube, dînette, etc.) et vous la photocopierez en posant directement le jouet sur la vitre de la photocopieuse : vous pourrez agrandir si besoin est. Le jouet photocopié sera ensuite colorié ou peint (encre de couleur, ou gouache très diluée).
Une fois découpées, vous collerez les photocopies sur la face visible de ces boîtes de rangement. Un coup d'œil suffira à se repérer facilement pour ranger ou déranger selon les cas.

Symboliser pour ranger, trier, différencier, se repérer.

15

Dans la mare !

On trace au sol un grand cercle (à la craie, ou creusé dans le sable ou la terre) : c'est la mare. Les enfants-grenouilles se tiennent tout autour, prêts à sauter (à pieds joints !) dans l'eau, mais seulement lorsqu'ils entendent l'injonction « dans la mare ! ». Ceux qui sont restés sur la rive sont alors éliminés. A l'appel « sur la rive ! », les grenouilles doivent sauter à l'extérieur du cercle. Les retardataires qui se trouvent encore dans l'eau seront éliminés à leur tour.
On peut compliquer le jeu en donnant deux fois de suite le même ordre, ou en accélérant le rythme.

** Il faut ici savoir écouter et réagir : l'attention, le contrôle de soi sont mis à contribution. On peut aussi y jouer seul, la mare sera simplement plus petite.*

16

Sur le bout du doigt

Tracez dans une double épaisseur de tissu épais (feutrine, velours) la forme des visages de vos marionnettes miniatures. Légèrement plus larges qu'un doigt d'enfant, elles viendront s'y emboîter pour de multiples représentations. Sur une forme standard pour les dix doigts, vous ajouterez (en les cousant ou en les collant) les éléments de toutes formes et de toutes couleurs (yeux, nez, bouches, oreilles, chapeaux, barbes et moustaches) qui caractériseront les petits protagonistes, à forme humaine ou animale. On pourra ranger le tout dans une grosse boîte décorée et transformée pour l'occasion en mini-castelet.

✱ Ce théâtre miniature s'emporte partout, et se prête à toutes les interprétations.

17

Le petit imprimeur

Les petits adorent ramasser les feuilles, mais on ne sait jamais qu'en faire ensuite.
Pensez à mettre les plus belles (houx, platane...) à sécher en les pressant dans un vieil annuaire.
Les feuilles de houx séchées, puis trempées ou enduites de gouache et artistement disposées sur une grande feuille de papier blanc feront un joli papier cadeau pour les futures fêtes de Noël.

*** On aide son enfant, même jeune, même encore malhabile, à obtenir de belles réalisations ; il sera très fier d'avoir apporté son indispensable contribution à la préparation des cadeaux de Noël.*

La pêche à la ligne

18

Les petits poissons seront façonnés en pâte à sel (mélanger un verre de farine à un demi-verre de sel fin et ajouter de l'eau jusqu'à obtenir une pâte souple). On enfoncera avant séchage un anneau ou un fil de fer recourbé dans leur corps, que l'on pourra sculpter avec un vieux stylo. La cuisson est inutile, votre enfant pourra peindre ses poissons après séchage d'une journée ; une couche de vernis leur offrira une bonne résistance. Ces poissons n'aiment pas l'eau, ils seront simplement disposés sur le sol.

On passe ensuite à la fabrication des cannes à pêche : une baguette au bout de laquelle est attachée une ficelle fine munie d'un trombone ouvert qui figurera l'hameçon. Bonne pêche !

*** *Adresse, précision, calme et concentration pour ce jeu que l'on aura plaisir à fabriquer soi-même.*

19

Loto des couleurs

Vous tracerez le même quadrillage sur deux rectangles de cartoline : neuf carrés de même dimension. Vous découperez ensuite entièrement l'une des deux cartes. Préparez neuf couleurs. Demandez alors à votre petit graphiste de reproduire deux fois le même coup de pinceau : une fois sur une case de la grande carte, une deuxième fois sur un des cartons. On peut fabriquer une autre carte de couleurs pour jouer à deux.

Recouvrez l'ensemble d'un morceau d'adhésif transparent ; le jeu est prêt. On peut soit simplement recouvrir les cases du loto en appariant les couleurs, soit organiser une vraie partie en piochant les cartons au hasard : le gagnant est alors le premier à annoncer un carton plein.

* *S'initier aux couleurs grâce à un jeu de société maison.*

20

Une course de chameaux

Remplissez de sable la moitié d'un seau de plage : posez-le sur votre petit chameau à quatre pattes et demandez-lui d'atteindre un but (pas trop éloigné, l'entreprise est ardue !). On peut organiser une course lorsque l'on dispose de plusieurs chameaux : tout seau renversé devra impitoyablement rejoindre son point de départ...

**** C'est beaucoup plus difficile qu'on ne l'imagine : avancer à quatre pattes, certes, mais sans à-coups, en gardant un seau en équilibre sur son dos, que d'embûches pour cette course d'un nouveau genre !*

21

Sous le pont

Allongez-vous au sol, le dos sur un tapis de préférence. Vos jambes sont légèrement écartées, vos mains sont au sol. Levez votre corps en gardant votre dos le plus droit possible : votre enfant va se faire une joie de ramper sous le pont de votre corps. Vous pourrez recommencer autant de fois que possible (vous vous lasserez sans doute avant l'enfant !).

* *Pour le plaisir faire de la gym ensemble tout en s'amusant.*

22

Bowling d'appartement

Vous mettrez ce bowling en place très simplement grâce à cinq ou six bouteilles d'eau minérale en plastique que vous aurez conservées pour l'occasion. Choisissez un emplacement libre de tout obstacle ou bibelot (une entrée ou un couloir par exemple), disposez vos quilles et... faites rouler les boules ! (balles de tennis).

** Jeu de lancer et d'adresse pour exercer la maîtrise du geste.*

Concert en porte-manteau

23

L'instrument de cet étrange concert sera un cintre en métal. Laissez pendre le crochet et nouez les deux bouts d'une ficelle de 80 cm environ aux deux « épaules » du cintre. Passez la ficelle sur le sommet de la tête de votre chef d'orchestre, de façon à la faire pendre près de ses oreilles. On peut la maintenir avec un bandeau de tennis ou un gros élastique. Votre enfant va pouvoir faire des percussions avec le cintre sur toutes sortes de supports. Le son se propagera à ses oreilles par le biais de la ficelle.

** Instrument de musique rudimentaire pour explorer le monde sonore.*

24

Panne de comptine

Commencez une comptine bien connue de votre enfant, et arrêtez-vous brusquement en plein milieu : demandez-lui de continuer à votre place ; il pourra s'arrêter lui aussi au moment de son choix et vous reprendrez la suite à votre tour... et ainsi de suite jusqu'à ce qu'un de vous deux connaisse véritablement la panne !

** *Exerce la mémoire et facilite la prononciation.*

Loto au supermarché

25

Vous aurez au préalable découpé sur des emballages vides la partie qui vous semble la plus facilement indentifiable (dessin, logo...) des emplettes que vous désirez renouveler. Préparez la liste avec votre enfant, en nommant à chaque fois le produit que vous voulez mémoriser. A défaut d'emballage, dessinez (fruits et légumes par exemple) sur une liste, ou collez un morceau d'étiquette. Lorsque vous serez au marché ou au supermarché, dirigez-vous vers les rayons adéquats et demandez-lui de vous aider à reconstituer la liste à l'aide de ses étiquettes.

*** Exercer son sens de l'observation tout en s'offrant le plaisir de se rendre utile.*

Algorithmes en pièces

26

Faites provisions de piécettes jaunes et blanches. Disposez-les selon un rythme donné, simple pour commencer (jaune, blanche, jaune, blanche) et demandez à votre enfant de continuer sur la même lancée. On pourra varier les parcours (lignes droites, cercles...) puis compliquer à loisir les alternances (jaune, jaune, blanche, blanche, etc.) jusqu'à épuisement de votre tirelire.

** *Observer un rythme donné, réfléchir pour le reproduire, c'est déjà exercer son attention et sa concentration.*

Chasse aux couleurs

27

Puisque votre enfant commence tout juste à se familiariser avec certaines couleurs, annoncez-en une (puisée parmi celles qu'il commence à reconnaître) : votre petit détective sera chargé de vous rapporter un objet de la couleur requise, ou tout au moins en comportant une parcelle. Echangez les rôles à chaque couleur. On peut varier les plaisirs en inversant l'ordre des choses : vous nommez un objet courant de la maison et votre enfant doit annoncer la couleur.

** *Mini-chasse au trésor-maison pour s'initier aux couleurs.*

28

Nez cancan

Nez cancan
Bouche d'argent
Menton d'buis
Joue brûlée
Joue rôtie
P'tit n'œillet
Grand n'œillet
Toc, toc, maillet !

** Pour commencer, l'adulte touche avec son index chaque partie du visage désignée, en terminant par deux coups frappés légèrement avec l'index replié sur le front de l'enfant. Ensuite, l'enfant pourra mimer seul la formulette.*

Collages géométriques

29

Découpez dans du papier de trois couleurs différentes (par exemple les trois couleurs primaires : bleu, rouge et jaune) une collection de figures géométriques de tailles variées : une série de carrés, de ronds et de triangles, le tout dans trois tailles différentes (petite, moyenne et grande). Vous pourrez les classer ensemble (soit par formes, soit par couleurs). Montrez à présent à votre enfant comment empiler trois formes, de la plus grande à la plus petite, puis comment les coller entre elles. Vous pourrez ensuite coller vos œuvres sur une grande feuille blanche pour obtenir une composition abstraite à la Vasarely.

*** Pour s'initier aux couleurs et aux formes géométriques, tout en élaborant un tableau abstrait décoratif.*

30

Serpillière-patinette

Une simple serpillière pourra être le point de départ d'inépuisables trouvailles. On organisera ses déplacements grâce aux moyens de locomotion les plus inventifs : patinette d'un nouveau genre, un pied dessus, un pied dehors, patins d'appartement avec les deux pieds dessus, luge d'intérieur (en position assise ou à plat ventre), ou traîneau grand style (tiré ou poussé par un comparse).

** Un bon prétexte pour bouger, inventer, imaginer, exploiter toutes les ressources d'un matériel très simple.*

Sortez de vos cachettes !

31

Celui qui « s'y colle » compte contre un mur, le visage caché sous son bras. Tous les autres joueurs courent alors se cacher. Lorsque « ça y est ! », il se met en chasse : on peut en profiter pour sortir de sa cachette et se mettre hors de danger en comptant 1, 2, 3 sur le mur.
Le premier joueur attrapé s'y collera à son tour.

* *Plaisir de se sentir à l'abri dans une cachette plus que précaire, de découvrir ou de se faire découvrir. Le jeu de cache-cache est un des plus anciens jeux du monde, et son intérêt n'est pas prêt de s'épuiser...*

32

Vive le vent !

Prenez un carré de papier, et demandez à votre jeune artiste de le décorer (gouttes de peinture, points ou zébrures aux gros feutres, taches d'encre, traits aux pastels au choix...).
Découpez-le ensuite selon le plan suivant :

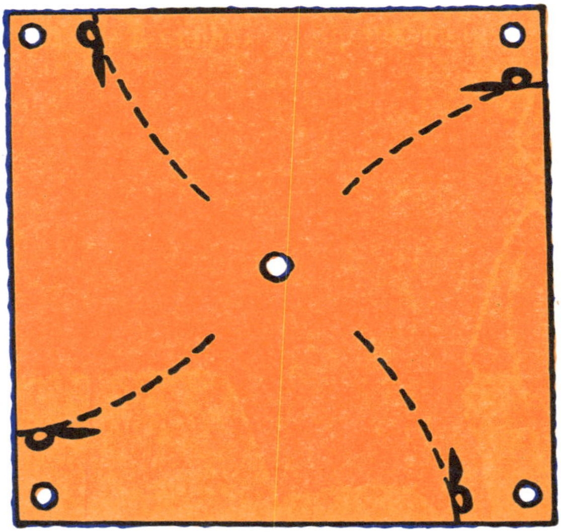

Vous enroulerez sur elle-même une autre feuille qui formera le bâton ; fixez-y le moulin grâce à une attache parisienne et soufflez : les ailes tournent, on s'enchante...

✱ Ce jeu indémodable permet non seulement d'exercer ses talents de décorateur, mais encore de découvrir la force de l'air et du souffle.

33

Oh, la belle rouge !

Lorsque votre enfant commencera à reconnaître quelques couleurs, amusez-vous, durant vos promenades quotidiennes, à annoncer : « Tiens, je vois quelque chose de rouge ! » (ou bleu, ou jaune). A lui de découvrir l'objet de vos pensées (en le nommant ou en le désignant).

* *Les enfants adorent les devinettes. Celles-ci le familiariseront avec les couleurs et exerceront son sens de l'observation. Ce jeu peut servir à se distraire en voiture.*

Art brut

Les couleurs, extraites directement du tube, seront disposées selon l'inspiration sur une feuille de papier Canson. Les taches ou les filaments de couleurs, artistiquement dispersés et de plus ou moins grosse épaisseur, seront alors recouverts puis écrasés par une deuxième feuille que l'on appliquera soigneusement sur la première. Après avoir bien lissé du plat de la main, il faut retirer la seconde feuille avant de s'abîmer dans la contemplation des paysages infinis générés par la combinaison des couleurs entre elles.

* *Travailler la matière brute pour des variations hautes en couleur.*

35

Plantations

Choisissez des graines de haricots, leur germination sera suffisamment rapide et spectaculaire. Laissez-les tremper dans un bol d'eau pendant 24 heures pour faciliter leur germination. Demandez alors à votre petit jardinier de les planter dans une assiette creuse remplie de sable ou de mousse. Il faudra qu'il arrose souvent, les plantations doivent toujours rester humides, mais pas trop, pour éviter tout pourrissement (l'eau ne doit pas stagner dans l'assiette).
Percez de gros trous dans une boîte en fer-blanc (boîte de bonbons ou de cirage) remplissez-la du mélange mousse/graines et placez-la au-dessus d'un verre d'eau. Les racines vont passer par les trous de la boîte, et pendre dans le verre, pendant que les pousses vertes s'élèveront.

* *Observer la naissance et la croissance des plantes pour mieux comprendre certains phénomènes de la vie. Un bon exercice de patience...*

Confitures de fruits sauvages

36

Organisez une grande cueillette collective de fruits sauvages : fraises des bois, framboises, mûres, myrtilles, tout est bon pour sauvegarder un peu des plaisirs de l'été jusqu'au creux de l'hiver.
Selon les résultats de la cueillette, vous pourrez les congeler ou en faire des glaces, tartes, et surtout de délicieuses confitures. Votre enfant vous aidera à trier les fruits, les équeuter, les laver, puis à les saupoudrer de sucre. Comptez 800 g de sucre pour un kilo de fruits et une minute de cuisson pour 100 grammes (de fruits toujours).

*** *Pour avoir participé de près à la cueillette et à la fabrication des confitures, avoir goûté la préparation avant et après cuisson et respiré les effluves, la dégustation, le jour venu, n'en sera que meilleure.*

Loto écolo

37

Vous êtes en pleine nature : laissez votre écologiste en herbe partir à l'aventure (pas trop loin tout de même !), non sans l'avoir investi d'une mission importante. Demandez-lui par exemple de vous rapporter quelque chose de doux, puis quelque chose de piquant, quelque chose qui fait du bruit ou de la musique, quelque chose de rond, quelque chose de blanc, quelque chose qui soit parfaitement droit, quelque chose qui ressemble à une tête et enfin, en apothéose, quelque chose de beau.

*** *Pour observer la nature d'un œil très attentif.*

38

Maison pliante

Destinée à subir tous les assauts, elle doit pouvoir se nettoyer sans problème en machine à laver : sélectionnez des tissus en conséquence.
Choisissez dans la maison la table de dimensions idéales pour servir d'armature porteuse grâce à ses quatre pieds. Cousez une housse (toit/murs) qui la recouvrira parfaitement jusqu'au sol. Découpez les ouvertures (portes, fenêtres, hublots...). Préparez les détails avec différents tissus que vous choisirez ensemble : rideaux bonne-femme à tirer ou à ouvrir sur le vaste monde, porte-rideaux cousus par le haut qui s'ouvrent et se referment comme un rideau de théâtre...

** Tous les petits adorent se tapir dans un abri qui n'appartient qu'à eux ; offrez leur une résidence secondaire dont l'immense avantage est de ne pas encombrer l'appartement en permanence, puisqu'elle se replie après usage et se redéploie selon les demandes.*

Collier collé

Demandez à votre enfant de déchirer de petits morceaux de papier de couleur (prélevé dans un magazine par exemple). Dessinez un grand cercle sur une feuille blanche, puis montrez-lui comment coller ses « perles » sur le fil tracé. Pour plus de réalisme, on peut obtenir un collier « en relief » en froissant le papier en petites boules avant de le coller (les résultats sont meilleurs avec du papier très fin).

✱ Déchirer, froisser, coller, votre petit artiste peut tout faire : il sera très fier de réaliser entièrement seul son premier chef-d'œuvre.

Chasse aux lapins

Apprenez à votre enfant à faire des sauts de lapin, en appuyant simultanément les mains au sol puis en rapprochant dans un second temps les deux pieds serrés grâce à un petit saut.
Puis déclarez la chasse ouverte en poursuivant votre joli gibier dans la maison ou le jardin.

*** Un saut pas si facile à exécuter : il demande une bonne coordination générale.*

41

Volley-plume

On peut s'amuser longuement à faire voler une simple plume sans qu'elle ne retombe : lancer la plume de plus en plus haut puis la rattraper, à deux mains, sur le dos de la main, la laisser tomber pour observer sa chute, tenter de la rattraper juste avant qu'elle ne touche le sol, la rattraper sur un pied, sur l'autre, essayer de shooter dedans.
Puis souffler dessus pour lui imprimer différentes directions, varier l'intensité de son souffle pour un vol plus ou moins élevé, se débrouiller pour qu'elle ne touche pas le sol, ou au contraire la faire glisser sur la table, lentement puis de plus en plus vite, organiser un parcours avec obstacles à contourner, une course de plumes...

* *Des courses aériennes pour exercer son souffle, et prendre conscience du mécanisme de la respiration.*

42

Le petit sculpteur

Transformez-vous en statue humaine sous les inflexions de votre petit sculpteur en herbe : laissez-vous modeler et remodeler dans les postures (pas toujours confortables) qu'il imprimera à votre corps. Tournez la tête, levez, pliez le bras, tendez les doigts, pliez les genoux, faites un beau sourire... Ouf ! on change de rôle, vous endossez à votre tour le rôle du créateur, et vous vous attaquez à une nouvelle œuvre sur votre petite statue vivante.

** Partir à la découverte de son propre corps et de celui de l'autre, pour lui imprimer un mouvement immobile, créer des postures originales, puis rester tranquille et se laisser modeler docilement à son tour.*

43

A la ronde du muguet

A la ronde du muguet
Sans rire et sans parler.
Le premier qui rira
Ira au piquet.
Un, deux, trois,
La baguette du roi !

** *Lorsque la ronde s'immobilise, on se regarde : le premier qui rit sort du cercle.*

44

Le petit prof

Amusez-vous à mal prononcer certains mots que votre enfant, lui, prononce parfaitement : il aura pour tâche de vous corriger et de vous donner un petit cours de diction. Car vous allez évidemment répéter votre erreur, puis prononcer d'autres mots ou phrases que vous trufferez d'erreurs et défauts de prononciation en tous genres.
Heureusement, le petit prof est là pour vous reprendre en main !

✱ Pour améliorer sa prononciation, et pour le plaisir d'inverser les rôles momentanément.

45

Oranges de Noël

Délimitez puis creusez en petites tranchées dans l'écorce d'une grosse orange le tracé des yeux, du nez et de la bouche d'un visage rieur : grande bouche ouverte sur ses dents, longs yeux fendus... Faites un petit tas de clous de girofle, et montrez à votre enfant comment enfoncer la queue de chaque clou, en les serrant bien, dans les emplacements creusés dans l'écorce. Pendant ce temps, attaquez une autre orange en variant les physionomies (triste, étonnée, en colère...).
Alignez votre galerie de portraits près d'une source de chaleur : leur parfum embaumera la maison à l'approche de Noël...

*** Une activité de précision pour petits doigts maladroits, et une bonne façon de participer aux préparatifs des fêtes de fin d'année.*

46

Toc ! Toc !

Toc ! toc !

— Qui est là ?

— C'est moi !

— Entrez !

— Par où ?

— Par là !

* *Pour partir à la découverte de son visage, mieux prononcer et mémoriser cette courte formulette.*

47

Premiers puzzles

Reprenez le carton de la mini-course au trésor (voir fiche 123). Votre enfant, équipé de gros pinceaux ou feutres, s'appliquera à colorier chaque objet. Découpez ensuite le contour des silhouettes, puis coupez-les en deux : il s'amusera beaucoup à retrouver la forme de chaque objet.
Plus difficile : quand il sera très à l'aise dans ses reconstitutions d'objets, découpez-les en quatre parties (attention, toujours dans la longueur pour éviter les formes trop complexes).

*** Une bonne initiation au principe du puzzle, en partant de formes familières.*
Le puzzle est une bonne approche du mécanisme de la lecture.

Peinture au coton-tige

48

Munissez votre artiste d'un coton-tige en guise de pinceau : il le trempera dans un fond d'encre ou de gouache épaisse et laissera parler son inspiration. Pointillés, traces et traînées diverses, l'instrument se trouve parfaitement adapté aux graphistes débutants : meilleure résistance donc meilleure maîtrise de l'outil-pinceau, pas de coulure ou de goutte puisque le coton absorbe la quantité de peinture ou d'encre adéquate.

** Pinceau d'un nouveau genre pour une approche différente des techniques de peinture.*

49

Dîners de papier

Vous découperez dans un magazine deux portraits : celui d'un personnage que votre enfant apprécie tout particulièrement et celui d'un autre qu'il n'aime pas du tout (sorcière, méchant ogre, être répugnant...). Collez chacun des portraits sur une grosse enveloppe rigide et pratiquez une fente dans la bouche de façon à pouvoir nourrir les deux compères. Confiez à présent cette tâche à votre petit cuisinier : il se mettra en quête de repas de son cru en déchirant, déchiquetant dans les journaux tout ce qui lui paraîtra approprié à chaque personnage. Vous n'aurez plus qu'à ouvrir ensemble les ventres-enveloppes pour détailler horreurs et délices ingurgités de force (ô joie !) par chacun.

** Activité éminemment défoulatoire sur le terrain alléchant mais conflictuel des repas, de la nourriture (toujours très intéressant à cet âge).*

Silhouettes à barbouiller

50

Découpez ou déchirez des silhouettes de personnages, portraits de profil ou d'animaux dans des magazines. Posez-les sur une feuille blanche ou de couleur, en ayant soin de bien les maintenir en place pendant que votre artiste en barbouille allègrement les contours (qu'importe si le trait est approximatif !). On retire alors la silhouette sous ses yeux éblouis.
Quel talent !

** Pour obtenir des peintures figuratives même lorsque le tracé est maladroit.*

La danse des ombres

51

Orientez une lampe sur un mur et jouez de vos ombres : elles peuvent grandir ou rétrécir, adopter les postures les plus étonnantes, s'imiter mutuellement dans leurs poses les plus simples ou les plus acrobatiques, tenter d'exprimer une émotion à la manière exubérante des acteurs du muet (silhouette effrayante, apeurée, supplication, horreur, ou registre comique, cascades clownesques, fou-rire...). On pourra même mimer une courte scène (tir à l'arc, ski, natation...) à deviner. Puis terminer la séance par une danse effrénée des ombres sur une musique appropriée.

* *Jouer des projections de son corps et explorer toutes ses ressources expressives grâce aux ombres portées.*

52

Savez-vous planter les choux ?

Savez-vous planter les choux,
A la mode, à la mode,
Savez-vous planter les choux,
A la mode de chez nous.
On les plante avec le doigt,
A la mode, à la mode,
On les plante avec le doigt,
A la mode de chez nous...

** Les variations peuvent être infinies, et plus ou moins complexes : le nez, le coude, la joue, l'oreille... Bref, tout ce qui permet d'explorer le corps.*

Vols de baudruche

53

Léger, aérien, sans danger pour vos bibelots, facile à rattraper, le ballon de baudruche est idéal pour les tout-petits. Prévoyez simplement plusieurs remplaçants, car la baudruche n'a qu'un défaut : elle est fragile et la déception peut être cruelle en cas d'éclatement. Lancer de plus en plus haut, essayer de toucher le plafond, rattraper dans ses bras sans que le ballon ne touche le sol, shooter, dribbler, ne se servir que d'une main, puis de l'autre, que des pieds, faire rebondir sur le dos, le ventre, faire des têtes... Le bonheur !

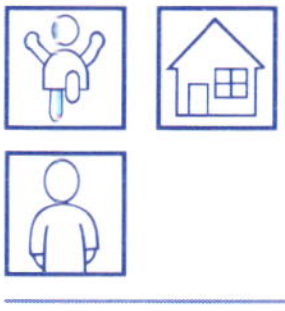

** La retombée lente des baudruches est tout à fait adaptée aux très jeunes enfants : on en profitera pour explorer toutes les variations de propulsion et de réception.*

Histoires à plumes

54

Imaginez ou adaptez une histoire riche en gibier volant. A chaque fois que vous prononcerez le nom d'un animal ailé (oiseau, mouche, moustique...), votre petit auditoire devra agiter gaillardement et sans hésitation une paire d'ailes qu'il devra actionner de ses deux mains.

*** *Réfléchir, écouter pour mieux réagir.*

55

Le Dosu

Traditionnellement, c'est un anneau (de peu de valeur) qui constitue l'enjeu, ou le trésor à découvrir. Mais on peut plus simplement décider qu'un petit caillou ou un bâtonnet fera l'affaire. A l'insu des autres joueurs, le premier détenteur du trésor va l'enfouir complètement dans un petit tas de sable, puis créer d'autres pyramides miniatures, autant qu'il y a de concurrents au Dosu. Chacun choisit alors son petit tas, déterre le tout : l'heureux propriétaire du trésor aura le privilège de l'enfouir à son tour pour une prochaine partie.

** Un jeu d'origine africaine aux règles toutes simples pour commencer à s'initier aux jeux de société, donc se socialiser.*

Coccinelle, demoiselle...

56

Coccinelle, demoiselle
Bête à bon Dieu,
Coccinelle, demoiselle
Vole jusqu'aux cieux.
Petit point blanc,
Elle attend,
Petit point rouge,
Elle bouge.
Petit point noir,
Coccinelle,
Au revoir !

* *Traditionnellement, c'est lorsqu'une coccinelle vient se poser à proximité qu'on lui dédie cette chanson, mais rien n'empêche de l'entonner en son absence, pour le plaisir.*

Masque en face-à-main

Quand mardi-gras arrive, on a bien envie de se cacher derrière un masque ; mais quand on est petit, on peut éprouver une certaine appréhension à enfouir son visage sous une forme quelconque en carton : voici un moyen de détourner la difficulté. Vous dessinerez puis découperez en double la forme choisie sur une feuille de cartoline. Tracez les orifices (yeux, bouche) aux endroits adéquats, puis découpez-les. Pour la décoration, toutes les techniques graphiques sont bonnes : encres de couleurs soufflées, petites boules de papier de soie froissées puis patiemment collées, taches de peinture au doigt ou formes de papier de couleurs vives déchirées et collées. Deux techniques différentes pour recto et verso seront du plus bel effet. Vous collerez vos deux surfaces l'une sur l'autre en incluant entre elles une baguette de bois, en la laissant dépasser de moitié pour une préhension du masque.

** *Un masque adapté aux plus petits, qui auront le plaisir de se cacher le visage pour le dévoiler instantanément.*

Dessin à la ficelle

Selon ce que vous avez sous la main, une ficelle fine, une corde, ou même une simple chaîne feront l'affaire. Faites-lui prendre une forme, ouverte ou fermée, géométrique, figurative ou non, que vous demanderez à votre enfant de reproduire le plus exactement possible. Vous pourrez agrémenter le tout par divers éléments que vous emprunterez à votre plus proche environnement. Bien entendu, vous inverserez les rôles à chaque nouveau motif.

*** Jeux de graphisme et d'observation pour exercer la maîtrise gestuelle sans matériel.*

Salades de fruits

Voici une des premières recettes qui permettra à votre petit mitron, tout heureux, de vous apporter sa collaboration : il pourra à loisir découper les rondelles de banane à l'aide d'un couteau à bout rond, détailler en tranches clémentines et oranges, couper pommes et poires épluchées en petits morceaux, égrener les raisins, dénoyauter les cerises ou équeuter les fraises, selon la saison, enfin, arroser le tout de sucre en poudre...

** Vous pourrez observer ensemble les différentes couleurs des ingrédients, leur consistance (plus ou moins juteux), détailler leur goût (sucré ou moins sucré). Le champ des découvertes est vaste, ne vous en privez pas !*

60

Asphalt jungle

On commence par constituer deux équipes : l'équipe rouge (les piétons) dont chaque membre portera un foulard et l'équipe verte (les voitures) sans foulard. Un disque de carton, vert sur une face et rouge sur l'autre, symbolisera le feu de signalisation. Piétons et voitures circulent librement, jusqu'à ce que le meneur de jeu brandisse le disque. Feu rouge : les voitures s'accroupissent, car les piétons se précipitent sur celles qui sont encore debout. Celles qui sont touchées intègrent l'équipe adverse. Feu vert : les voitures se précipitent sur les piétons qui n'auront pas eu la présence d'esprit de s'accroupir. A la fin du jeu, l'équipe qui compte le plus de membres a gagné.

* *Sens de l'observation, réflexes et vivacité obligatoires pour se préparer aux dures lois de la jungle urbaine.*

Le vide et le plein

61

On remplit un récipient quelconque de bonne contenance (seau, corbeille, panier) d'objets hétéroclites (balles, foulards, cordes, marrons, jouets). A quelques mètres, on installe des paniers, seaux, etc. (un par joueur). Le jeu consiste pour chacun à remplir le plus vite possible son propre panier, tout en vidant celui du centre. Attention ! On ne peut transporter à chaque voyage qu'un objet à la fois. Lorsque le contenant central est vide, on compare le contenu de chaque panier : le plus plein sera celui du gagnant !

** *Une course aux emplettes où l'on se doit d'être rapide, efficace et précis : bonne préhension et vélocité requises.*

Planches à habiller

Découpez un personnage dans un catalogue, et collez-le sur une carte de bristol. Découpez la silhouette, puis choisissez et découpez des vêtements (hiver/été, pyjama, sous-vêtements, sport, pluie, etc.) à sa taille, en n'oubliant pas de laisser des languettes (selon le principe des anciennes planches à habiller). Pensez également aux accessoires (gants, bonnets, chaussures).

✱ Nombreux sont les jeux que vous pourrez organiser à partir de ce petit matériel : les différentes phases de l'habillement (que met-on d'abord ?), le choix des vêtements selon le temps (pluie, neige, canicule...) enfin les circonstances (sport, coucher...).

63

Têtes de baudruche

On pourra, au choix, dessiner la tête sur le ballon de baudruche avant ou après gonflage. Les gros feutres s'y prêtent bien et votre complice pourra tracer une belle coiffure de sa composition sur l'arrière de la tête. Yeux, nez, bouche rieuse ou triste, joues coloriées, oreilles... et pourquoi pas une cravate ou un fichu ? La grosse tête poussera même le réalisme très loin en se flétrissant avec l'âge...

** *Drôle de tête à faire rebondir à coups de grandes claques.*

64

Loto marin

Tracez votre carte de loto au sol : un rectangle de 5 cases sur 2 par exemple. Vous allez remplir chacune des cases du haut avec divers éléments offerts par votre environnement proche : coquillages, galets de couleur, algues, coquilles saint-Jacques, couteaux... Votre petit pêcheur devra alors se mettre en quête, avec la délicate mission de remplir de même façon les cases vides. Vous pourrez bien entendu adapter le loto marin à votre environnement du moment (campagne ou milieu urbain).

** *Apprendre à apparier pour développer les facultés d'attention et le sens de l'observation.*

65

Un, deux, trois, cric !

On joue à deux : il faut compter jusqu'à trois, et s'écrier d'une même voix soit « cric », soit « crac ». Si les joueurs ont fait le même choix, ils sont très contents car ils ont gagné. Dans le cas contraire, ils rejouent jusqu'à ce qu'ils accordent leurs violons pour que leur vœu le plus cher se réalise enfin !

* *Petit jeu de hasard bon déclencheur de rires !*

Petit pantin sans ficelles

66

Le petit pantin est allongé dos au sol ou sur son lit : il va crisper ses poings en les serrant de toutes ses forces, puis les détendre. Il va ensuite étendre son effort à ses membres supérieurs, les raidir le plus possible puis les détendre. Même opération pour les jambes, puis pour le corps dans son ensemble (sans oublier la tête et le cou). On peut prolonger petit à petit les temps de contraction puis de décontraction et les accompagner d'une inspiration/tension, expiration/détente.
Enfin le petit pantin, délesté de ses ficelles, pourra se détendre totalement en fermant les yeux.

∗∗ A mettre en pratique dès que la tension monte, et que l'on ressent le besoin de calmer les esprits : c'est une excellente initiation à la relaxation.

67

Aqua-gym

Au début, si le petit champion est un peu impressionné dans l'eau, il pourra se sécuriser en restant assis sur le bord du bassin : tourbillons, battements avec les pieds. Deux ou trois jouets flottants seront les bienvenus : il pourra les lancer du pied, puis descendre pour les récupérer. On pourra s'amuser à souffler dessus pour les faire avancer, puis les faire tourbillonner en agitant ses mains. Puis marcher dans l'eau en jouant à bien dérouler la jambe et, lorsque l'on sera tout à fait à l'aise, courir dans l'eau en levant bien haut les genoux.

Pour sentir son corps flotter, on prendra appui avec les avant-bras sur le rebord en laissant aller ses jambes, puis tout son corps. On tentera le même mouvement à plat ventre. Enfin, pour s'accroupir et se grandir, on s'habituera progressivement à s'immerger avec une ronde (« dansons la capucine » ou « à la ronde »).

** *Pour s'accoutumer en douceur au milieu aquatique.*

68

Le petit géant

Le petit géant se tient debout, jambes légèrement écartées et bras en l'air. Il va s'étirer pour se grandir le plus possible, dressé sur la pointe des pieds, tenter même d'atteindre le plafond avec les doigts tendus... Il va garder cette position avantageuse un petit moment, puis se ramasser sur lui-même, en position accroupie, pour se faire le plus petit possible... Ensuite retour progressif à la position géante, et ainsi de suite, cinq ou six fois.

* *S'exercer à allonger tout le corps, à garder son équilibre, enfin, à s'assouplir.*

La compote de pommes

69

N'hésitez surtout pas à inviter votre petit mitron à vous aider pour cette recette très simple : il sera fier de se rendre utile et l'expérience est riche en acquisitions verbales, sensorielles et motrices. Commencez par rassembler tous vos ingrédients sur la table, commentaires à l'appui bien entendu. Vous éplucherez les pommes et les couperez en quartiers, pendant que votre enfant s'appliquera à les débiter en morceaux avec un petit couteau rond. Il déposera le tout dans une casserole, versera lui-même un verre d'eau et saupoudrera de sucre. On aura plaisir à humer les bonnes odeurs pendant la cuisson et la dégustation de la compote sera sans aucun doute encore plus agréable que d'habitude.

✻ Les activités de cuisine sont parmi les plus fécondes en découvertes de tous ordres. Elles sont l'occasion d'une forte complicité avec les tout-petits.

70

Marionnettes au poing

A partir d'un rectangle de carton, formez un rouleau à la mesure du poing de votre futur marionnettiste, collez-le, et rassemblez tous les éléments de récupération susceptibles de décorer la marionnette : boutons, morceaux de tissu, laine, papiers collés... Un rond de papier collé pour le visage, complété aux feutres par votre jeune artiste : il participera activement à la naissance de la créature, qui se prêtera de bonne grâce à bien des improvisations.

** Matériel de fortune pour un support parfaitement adapté à l'expression verbale.*

71

Main à l'impression

S'enduire la main de peinture (quel délice !), l'appliquer sur la feuille dans de multiples endroits, recommencer l'opération en changeant de couleur, de position de la main (ouverte, fermée), essayer d'imprimer le poing fermé, la tranche de la main, le haut seul de l'index, du pouce et, pourquoi pas, la plante des pieds ? Les découvertes sont illimitées... tout dépend de votre patience et de votre courage. Une activité à pratiquer dans une pièce facile à nettoyer, et à ne pas prévoir juste après un bain !

✱ Partir à la découverte des différentes parties de son corps, en imprimer la trace constitue une expérience riche et bien adaptée aux tout-petits.

72

Le bœuf, la vache...

Le bœuf,
(montrer le pouce)
La vache,
(l'index)
Celui qui les détache,
(le majeur)
Celui qui les mène aux champs,
(l'annulaire)
Et le Riquiqui qui court devant
(l'auriculaire).

* *Charmante formulette bucolique pour se calmer, écouter, mémoriser et prononcer à son tour.*

73

Allô ?

Débranchez (momentanément !) votre téléphone et laissez votre enfant appeler fictivement quelqu'un qui vous est proche, personnage réel ou imaginaire, qu'importe. L'essentiel est de pouvoir confier ses doutes, questions, désirs et angoisses, de raconter petits drames ou grands exploits, de s'exprimer enfin auprès d'une oreille neutre et dotée d'une patience infinie.

** Instrument de médiation idéal, le téléphone se prête parfaitement à tous les jeux de communication et d'expression.*

74

Pourquoi ?

Inversez la tendance du cycle infernal des « pourquoi ? », assénés sans coup férir par votre bavard préféré, pour lui retourner la question à votre tour. On se prêtera à toutes les interrogations et à toutes les suggestions, même les plus inattendues, quant à l'utilité d'un stylo, d'un livre, du soleil et de la pluie, de la lumière et de la nuit ; la liste des grandes questions est loin d'être épuisée...

**** Réflexion, déduction pour les toutes premières grandes interrogations.*

Poupée-pomme

75

Pelez une pomme : vous y creuserez deux trous pour les yeux et une fente pour la bouche. Laissez-la sécher environ une semaine, plantée sur une aiguille à tricoter. Vous pourrez alors la modeler, en creusant les joues et en faisant ressortir le nez. Attendez encore deux semaines : le visage va se tanner et se rider, à la manière d'une vieille bonne femme ou d'un chef indien. Habillez ensemble la poupée selon votre inspiration.

*** Une sculpture-fruit du plus bel effet. Permet de parler de l'écoulement du temps (« bientôt », « dans quelques jours »...) et du vieillissement.*

76

Peindre à l'éponge

Pour fabriquer ces pinceaux d'un genre nouveau, il suffit de fixer solidement un morceau d'éponge au bout d'un bâton. On construira un pinceau par pot (trois suffisent largement, en verre de préférence pour une bonne stabilité, et contenant une petite quantité d'une des trois couleurs primaires). Installez vos pots dans une boîte ou une petite cuvette. A présent, laissez improviser votre créateur en herbe. Tapoter, tracer, coups de pinceaux légers ou appuyés, couleurs pures ou mélanges intempestifs, rythmes ou effleurements, le champ des possibles est largement ouvert.

* *Varier les approches de l'acte de peindre grâce à un matériel simple et bien approprié.*

77

Cartes marines

Vous êtes au bord de la mer ? Ramassez ensemble quelques algues (de petite taille !) aux couleurs et aux formes variées. Lavez-les dans la mer pour en ôter le sable. Sur une carte de bristol, disposez vos petits bouquets, recouvrez le tout d'un papier calque, puis d'un buvard. Mettez alors la carte sous presse (quelques gros livres feront l'affaire). Attendez deux jours : les algues sont incrustées dans la carte ! Écrivez, envoyez !

✱ *Une jolie façon d'observer des éléments naturels, de jouer avec eux et de s'en créer quelques souvenirs pleins d'embruns.*

78

La cage aux lions

Votre petit lion se tient à quatre pattes, en position assise (fesses aux talons). Il va alors rugir (silencieusement !) en ouvrant la bouche à son maximum et sortant la langue le plus possible (elle doit essayer de toucher le menton). Il peut même lever les pattes avant et montrer ses griffes, pour amplifier l'effroi...
Faites donc une démonstration, c'est une gymnastique faciale extrêmement avantageuse !

✱ Un mouvement de yoga (mais oui !) très bénéfique pour faire travailler et détendre les muscles du visage (langue, bouche, et mâchoire). Excellent pour la relaxation.

Les échasses

79

Il vous faudra, pour fabriquer cette paire d'échasses, deux boîtes de conserves (vides) de taille moyenne. Vous y percerez deux trous de part et d'autre du diamètre : passez-y une ficelle que vous nouerez solidement d'un côté à l'intérieur de la boîte, puis laissez une longueur suffisante (réglez-la auparavant) avant de passer l'autre extrémité dans le deuxième trou et de la fixer à l'aide d'un gros nœud. Recommencez l'opération sur l'autre boîte et montrez à votre enfant comment, brusquement plus grand de quelques centimètres, se déplacer en tirant sur les ficelles, une dans chaque main, comme des rênes.

** *Excellent pour l'équilibre et la coordination.*

Cache-cache carton

80

Un simple carton de récupération offrira d'innombrables ressources aux petits diables, qui se feront un plaisir de bondir de leur boîte pour vous surprendre. Il deviendra tour à tour bateau, maison, berceau, camion, carapace de tortue, panier, chapeau... On pourra s'y blottir complètement, puis montrer un doigt, deux, une main, un bras, l'autre, un pied, une jambe, une cuisse, les deux, la tête, le buste... On pourra le renverser, et tenter de s'y introduire par dessous ; le transporter sur son dos comme un chameau, sur son épaule comme un déménageur, sur la tête comme en Afrique... Tout est possible, jusqu'à ce qu'il craque !

✱ Explorer sans relâche, se cacher, bouger, rêver, imiter, imaginer, inventer.

C'est la bête malibête

81

C'est la bête malibête
Qu'a la peau du dos sur la tête
Et la queue en relevette,
Une corne toute tordue ;
Si tu entres, tu es perdu !

* *Une comptine d'origine dauphinoise qui se joue des peurs enfantines.*

82

La boîte à surprises

Videz une grosse boîte d'allumettes et pratiquez un trou dans une des faces du tiroir. Découpez une image et collez-la dans la boîte, contre la face opposée au trou. Le tiroir sera légèrement entrouvert, de façon à laisser passer suffisamment de lumière : votre enfant, en appliquant son œil contre le trou, tentera de reconnaître l'image-surprise. Pour renouveler le jeu, changer à chaque fois les images : animaux, couleurs, personnages de film ou de bandes dessinées, objets, fruits... cadrés en plan général ou découpés par fragments.

** Une boîte à images facile à bricoler.*

83

Mini-poupées

Ces poupées de laine vous rappelleront sans doute des souvenirs : rouges ou grises, on les suspend au sapin dans les pays scandinaves. Vous pourrez les fabriquer ensemble : demandez à votre enfant d'enrouler un petit rectangle de carton avec un écheveau de laine. Coupez dans l'épaisseur à l'une des deux extrémités : un brin de laine sera enroulé plusieurs fois autour de la tête par votre complice, nouez-le solidement. On forme une nouvelle épaisseur autour du carton pour les bras, que l'on introduit sous la tête en les fixant de la même manière (brin de laine enroulé plusieurs fois et nœud). Le bas du corps sera laissé tel quel, en jupe si l'on désire une dame, ou bien séparé en deux jambes si c'est un garçon. On pourra ajouter quelques accessoires (barbe, yeux, bonnets) pour une ambiance « Noël » ou autre.

* *Poupées minimales pour le plaisir de créer ensemble.*

Premières lignes droites

84

Faites déchirer à votre jeune créateur quelques « maisons » (leur forme sera approximative mais qu'importe !) dans du papier de couleur. D'abord encoller les maisons (du bon côté !), les disposer ensemble en utilisant bien la surface de la feuille, raconter leur histoire... Puis tracer avec un gros feutre le chemin qui les relie : une tâche ardue qu'il accomplira avec beaucoup de concentration et d'application !

*** Plus les enfants sont jeunes et maladroits, plus les outils scripteurs (feutres, pinceaux...) doivent être choisis gros : leur préhension en sera facilitée.*

85

Balle aux pieds

Cette fois ce sont les pieds qui vont travailler : en position assise, ils attrapent une balle (de tennis ou autre) et vont la faire voyager dans toutes les directions imaginables sans qu'elle ne tombe. Vite ou lentement, plus ou moins haut, jambes pliées ou jambes tendues, grands cercles ou évolutions variées, on pourra, après un temps de repos bien mérité, recommencer le jeu en position allongée, et en inventer d'autres : la faire rouler d'un pied à l'autre, la lâcher pour mieux la rattraper, la faire rouler sous son dos... On peut faire confiance à l'inventivité des petits malins.

*** Maîtrise du geste, coordination, équilibre et souplesse.*

A la ronde

86

A la ronde,
Jolie ronde,
(la ronde tourne)
Pour plaire à tout le monde,
(la ronde s'arrête)
Les grands et les petits
Se font tout petits, tout petits,
tout petits...
(chacun s'accroupit petit à petit : il est plus facile de se lâcher les mains)
Grandissez vite !
(tous se remettent brusquement debout)

*** Jouer à se faire tout petit, puis très grand tout en exerçant son équilibre et ses réflexes.*

Feux de poursuite

87

Deux conditions pour ce jeu : soit une pièce bien ensoleillée, soit une chambre obscure. Dans le premier cas, les feux de poursuite seront improvisés à partir de deux miroirs de poche ou tout autre surface réfléchissante (verre, couverts...) propre à créer un reflet sur le mur. A l'inverse, dans la pénombre, on fera courir sur les murs le rayon lumineux de deux lampes (de poche ou non). On pourra alors se lancer sans retenue dans une partie de cache-cache lumineux, ou de chat-lumières.

* *Courses en chambre et inépuisables jeux de lumières.*

88

Qui parle ?

A pratiquer de préférence autour d'une table, lors d'une réunion familiale, ou lorsque l'on est assez nombreux, pour un goûter d'anniversaire par exemple.
Le petit concurrent ferme les yeux, se retourne, accepte d'avoir les yeux bandés ou se les cache avec les mains, bref se débrouille pour ne rien voir. Un des convives lui adresse alors la parole : il doit nommer le propriétaire de la voix en question. On pourra compliquer en mêlant deux interlocuteurs à la fois, ou en chuchotant, en contrefaisant sa voix, en ne prononçant qu'une onomatopée (aïe, humf, aoutch...) ou en lançant son message à l'indienne (main tapotant la bouche).

**** Exercer les facultés d'écoute, d'attention et de déduction.*

89

Do, ré, mi, fa, sol, la, si, do

Do, ré, mi, fa, sol, la, si, do,
Gratte-moi la puce que j'ai dans l'dos.
Si tu m'l'avais grattée plus tôt,
Elle ne s'rait pas montée si haut.

* *Pour jouer de toute la gamme des câlins et chatouilles.*

90

Jeu du restaurant

Il faut être plusieurs pour ce jeu (on peut inviter les ours et les poupées). Chacun disposera d'une petite assiette. Au menu, dans une casserole ou un plat, marrons, cailloux, fruits et légumes factices, au choix.

Lorsque tout est prêt, un des joueurs fait tournoyer une petite cuiller au centre de la table : l'heureux élu, désigné par la partie bombée, dépose alors un aliment dans son assiette. Le premier des convives dont l'assiette est pleine sera le gagnant. Bon appétit !

** Matériel de fortune pour un jeu de société et de hasard aux règles simplissimes.*

91

Je fais le tour de mon jardin

Je fais le tour de mon jardin
Je dis bonjour à ma maman
Je dis bonjour à mon papa
Je sonne à la porte
J'essuie mes pieds sur le paillasson
Et j'entre dans la maison

*** Ce jeu de mains fait les délices des tout-petits : le visage-jardin, les yeux-parents, le nez-sonnette et la bouche-porte les enchantent. Excellent pour la prise de conscience du schéma corporel et pour se calmer, quelles que soient les conditions.*

92

Chapeau les collages !

Faites provision de chapeaux (dessinés ou découpés dans des magazines), de barbes, moustaches, lunettes, bref tout ce qui peut agrémenter un visage. D'autre part, toujours dans les revues et journaux, vous découperez tous les visages et têtes d'animaux qui vous inspirent. On mélange tout et on pioche dans le tas : le hasard aidant, on pourra s'amuser à coller un chapeau melon sur une tête de tigre, que l'on décorera d'une superbe barbe, etc.

*** * Pour se familiariser avec les notions « dessus, dessous », tout en obtenant les collages les plus cocasses.*

93

Dessins tactiles

Ces dessins tactiles mais éphémères se font sans matériel : simplement avec son corps. Le peintre exécutera son œuvre avec son doigt, sur le dos (ou sur le ventre, c'est encore plus drôle, surtout si l'on est chatouilleux !) de son complice qui sera chargé d'en deviner le thème. On change de rôle à chaque bonne réponse.

**** Sensations tactiles, graphismes corporels et chatouilles garanties !*

94

Petit cirque de poche

Le cirque fascine à tout âge, il est bon d'en avoir un sous la main en toutes circonstances. Les éléments de la troupe (clowns, dompteur, animaux, acrobates, jongleurs...) seront modelés en pâte à sel, avec votre aide, celle d'un enfant plus âgé, ou même, pourquoi pas, de toute la famille. N'oubliez pas accessoires et costumes : on peut intégrer divers éléments (tissus, morceaux de bois ou de laine, paillettes...) dans la pâte encore molle, il suffit alors, pour leur assurer une résistance satisfaisante de vernir les petits personnages au lieu de les faire cuire. On pourra enfermer le cirque dans un petit sac de toile en forme de chapiteau, en partance pour bien des aventures...

*** Réalisation collective pour inviter à d'infinis voyages imaginaires.*

95

A cheval gendarme !

A cheval gendarme,
A pied, bourguignon !
Nous irons en campagne,
A pied nous irons !
Au pas, au pas
Au trot, au trot
Au galop, au galop !

L'enfant est « à cheval » sur les genoux de l'adulte, qui lui communique un mouvement cadencé de plus en plus rapide, jusqu'au galop final.

* *Un des « must » du répertoire enfantin : à la fin de la comptine, on est proche du délire !*

Boîte à gants

Mêlez dans une grande boîte tous les gants que vous pourrez trouver : moufles, gants de caoutchouc, de jardinage, laine, cuir, gants de ski, de toilette, gant de crin, de cuisine, de boxe, de chirurgie, d'équitation, de base-ball... Liste non exhaustive à compléter selon vos ressources. Votre petit curieux va passer un bon moment à reconstituer les paires de gants, à tenter de les enfiler, puis à commenter leurs divers usages, à traduire des sensations (doux, râpeux, froid, chaud, grand ou petit, large ou étroit, agréable ou non...) et sans doute à mimer les gestes de leur utilisateur, réel ou imaginaire.

*** Essayer, commenter, imaginer, imiter, tout ce que l'on aime !*

97

La lettre cachée

C'est un *remake* du conte d'E. Poe : une pièce est totalement bouleversée pour mieux retrouver une lettre qui se trouvait bien en vue, visible, trop visible pour qui cherche au plus profond des recoins...
Faites sortir votre enfant de la pièce, puis déposez la lettre, sans la cacher, dans un endroit quelconque. Chronométrez les recherches, puis échangez les rôles...

✱ *Pour mieux explorer l'espace et aiguiser son sens de l'observation.*

Balade en tapis

Offrez à votre grand voyageur un petit tapis pour faciliter ses déplacements sur un sol suffisamment lisse (parquet, lino, carrelage...). A genoux, et en se propulsant à l'aide de ses mains, on improvisera facilement un tour en barque. Une autre solution (nettement moins fatigante !) consiste, en position agenouillée toujours, mains posées devant soi sur le tapis, à le faire avancer par un glissement de genoux entraînant un pli du tapis, puis extension des mains vers l'avant pour retendre le tapis et ainsi de suite jusqu'à la fin du périple. Enfin, rien n'empêche de créer un parcours en slalom parsemé d'embûches, ou d'organiser des courses en tapis lorsque l'on est plusieurs.

* * *Balades inventives pour explorateurs en appartement.*

Bestiaire en pièces

99

Découpez dans un magazine toutes les silhouettes d'animaux qui vous tombent sous la main. Vous pourrez les coller sur une carte de bristol pour plus de solidité. Vous allez alors décapiter sauvagement chacune de ces pauvres bêtes, et mélanger corps et têtes dans une boîte. On n'aura plus qu'à s'attaquer alors à la rude tâche de réparer le massacre en reliant les corps tronqués.

*** Concentration, observation, déduction et commentaires à l'appui !*

100

Devinettes nocturnes

C'est la nuit, vous êtes tous les deux dans l'obscurité. Lancez-vous dans un grand jeu de devinettes tactiles. Tendez à votre enfant un de ses jouets ; en l'effleurant, puis en le manipulant dans tous les sens, il parviendra sans doute à le nommer sans problème. Vous pourrez corser la difficulté en vous contentant de lui caresser le dos de la main, ou même la joue avec le jouet mystérieux.

*** Jouer ensemble dans l'obscurité pour dédramatiser le noir et s'entraîner à vaincre les peurs nocturnes.*

Transvasements

101

« Je mets mon pied dans mon assiette ?
- Non, dans ma chaussette !
- Je mets le lait dans ma casquette ?
- Non,... »
Et le dialogue continue, de plus en plus délirant. Bien sûr, on inverse les rôles à la première erreur.

*** *Logique, réflexion... et humour !*

102

Cubes sucrés

Improvisez un jeu de cubes à partir d'une simple boîte de sucre en morceaux. Commencez par aider votre enfant à perfectionner ses échafaudages en jouant sur les positions et les écarts des morceaux de sucre : vous pourrez par exemple lui demander de refaire exactement la même construction que la vôtre, d'abord avec le modèle sous les yeux, puis de mémoire. Vous proposerez des structures très simples au départ, pour compliquer par la suite. Montrez-lui comment obtenir la chute collective d'une série de sucres en position verticale avec un écart adéquat.
Puis érigez ensemble votre ville imaginaire : murailles, portiques, tourelles et palais éphémères, tracez des parcours que vous compliquerez à loisir... On ne se privera sans doute pas d'en croquer quelques éléments au passage. Pas trop !

*** Une façon gourmande de s'initier à des constructions de plus en plus complexes.*

Album new-look

Vous aurez besoin pour cet album de quelques visages, photos d'animaux, photos de famille photocopiées et agrandies, et de plusieurs accessoires hétéroclites (chapeaux, lunettes, casques, barbes, moustaches...). On s'efforcera d'obtenir des images de même dimension, que votre enfant pourra colorier à son tour. Il s'agit alors d'organiser éléments en les découpant en trois parties : haut du visage, regard, bas du visage. On agrafe ensemble tous les portraits à la manière d'un livre : en tournant les différentes pages, l'album new-look offrira les combinaisons les plus improbables (chapeau haut-de-forme, yeux de lynx et collier de perles, ou crâne d'éléphant, lunettes et sourire de star...).

*** Un livre très personnel pour rêver à d'infinies variations en forme de photomontages.*

104

Action painting

Sur une feuille blanche et d'une bonne surface, les couleurs seront projetées au gré de l'inspiration de l'artiste en herbe : soit directement au sortir du tube, soit éclaboussées du pinceau d'un lancer de poignet énergique, l'essentiel étant ici la pure jubilation de faire exploser un feu d'artifice de couleurs.

** A pratiquer en plein air ou sur une surface facilement lavable !*

Le petit train

On commence par fabriquer le train : chaque enfant-wagon s'accroche à celui de devant. Le train s'ébranle alors au rythme de la comptine.

Roulez, roulez
Chemin d'fer, roulez !
Comme ça marche,
Comme ça marche,
Roulez, roulez
Chemin d'fer, roulez !
Comme ça marche,
Regardez !
Tcht, tcht, tcht...

∗ Ce jeu a toujours beaucoup de succès : avancer ensemble et en rythme, accélérer ou freiner, de beaux voyages en perspective !

106

Le pont mouvant

Debout, jambes écartées, bras à la verticale, le petit pont se baisse en laissant tomber ses mains sur le sol, assez loin en avant : les jambes doivent rester tendues et le dos bien droit. Dans cette position, le pont va se surélever en levant les talons, puis en opérant une dizaine de mouvements de va-et-vient avant-arrière. Puis le pont peut plier les genoux et retrouver sa position initiale.

✱ Une gym très efficace pour faire travailler l'ensemble du corps et la souplesse du dos.

107

Jeux de sable

Quand on se sera lassé de construire et de démolir éternellement les mêmes pâtés, on pourra s'amuser à s'enterrer mutuellement (il paraît que c'est très sain : les bains de sable sont pratiqués depuis l'Antiquité), en position assise ou allongée, et admirer la mer en adoptant le point de vue d'un coquillage.
On pourra rêver, petite bête surplombant un corps de géant ou de géante. Ou se faire construire, tout autour de soi, une jolie barque, en partance pour une traversée en solitaire, ou bien encore une somptueuse limousine décapotable.
Si l'on préfère jouer à l'archéologue, on tentera de déterrer la main (fragile) d'un complice sans la toucher plus de trois fois pour éviter la casse. Ou encore, l'oreille collée au sol, on tentera de reconnaître le rythme d'une chansonnette scandée vivement du plat de la main sur le sable non loin de là.

*** * Explorer, bâtir, modeler, creuser, observer... le sable permet des jeux infinis.*

108

Monsieur Pouce

— Toc, toc, toc,
Monsieur Pouce,
Es-tu là ?

— Chut !
Je dors !

— Toc, toc, toc,
Monsieur Pouce,
Es-tu là ?

— Oui ! Je sors !!!

*** On peut prolonger le jeu en réveillant également Madame Pouce (changement de mains). Ce jeu apporte détente et calme. Il aide aussi à améliorer le langage, la prononciation, à développer l'habileté motrice, et fait les délices des petits.*

109

Kim des formes

Pendant que votre complice a le dos tourné, cachez sous un morceau de tissu (drap, serviette, tee-shirt) un de ses jouets préférés. Une forme se profile alors, identifiable pour certains objets, beaucoup moins pour d'autres. En cas d'hésitation, on pourra le mettre sur la voie en délivrant des renseignements concernant la couleur, la matière, une des caractéristiques (cela roule...) puis l'utilisation habituelle de l'objet mystérieux. On change les rôles dès que l'énigme est résolue.

*** *Développer l'attention et la réflexion, et trouver le mot juste.*

110

Pochoir préhistorique

Sur une feuille de couleur vive, montrez à votre peintre en herbe comment, après avoir appliqué sa main gauche, obtenir un pochoir préhistorique en passant tout autour un gros pinceau trempé dans de la peinture épaisse. Toute la difficulté consiste à ne pas bouger la main-modèle. Attention, la peinture déborde immanquablement sur les mains, protégez donc la table et les vêtements. Travail salissant mais très apprécié !

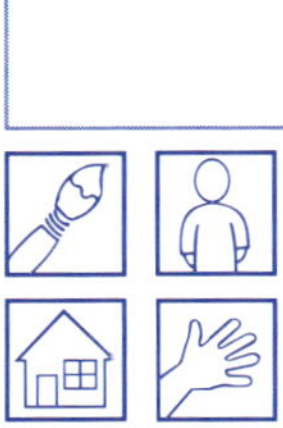

*** La technique est ancestrale et bien adaptée aux très jeunes enfants : plaisir du contact humide de la peinture, et de laisser sa trace, même sans savoir dessiner.*

111

Dansons la capucine

Dansons la capucine
Y'a pas de pain chez nous
Y'en a chez la voisine
Mais ce n'est pas pour nous
You !

*** Une ronde révolutionnaire à la portée des tout-petits. Il est encore difficile à cet âge de s'accroupir en se donnant la main ; la chose sera plus aisée en la lâchant !*

112

Baby-basket

Votre corbeille à papier fera un excellent panier de basket improvisé, et une grosse boule de papier froissé un ballon parfait pour s'entraîner à marquer des paniers dans une partie en solitaire. On commencera à petite distance tout de même, pour se reculer progressivement, tout en variant les angles de tir. Tir à deux mains, main gauche puis droite, panier au sol, puis surélevé sur une chaise, une table...

*** Tirs de plus en plus précis, pour maîtriser son geste au lancer et améliorer son adresse.*

113

Les marionnettes

Ainsi font, font, font
Les petites marionnettes
Ainsi font, font, font
Trois p'tits tours et puis
s'en vont.

Les deux poings sur
les côtés
Marionnettes,
marionnettes
Les deux poings
sur les côtés
Marionnettes
s'en vont danser.

Ainsi font, font, font...
(et ainsi de suite, en faisant agir les différentes
parties du corps...)
Avec les mains sur la tête
Avec les mains aux épaules
Avec les mains sur les genoux...

** Ce jeu de main chanté, que tous les enfants mémorisent rapidement, apporte détente et relaxation, tout en faisant travailler les articulations du poignet, et exerce à prendre conscience des différentes parties du corps.*

114

La toise

Réservez un coin de mur dans la maison pour la toise : procédez régulièrement à la cérémonie de la mesure, dos bien droit collé au mur, et notez soigneusement date et taille sur un mince panneau (liège, bois, tissu adhésif) destiné à cet effet : vous y punaiserez photos, gribouillis, collages de plus en plus élaborés correspondant à chaque période importante de la vie de votre petit géant.

** Marquer des jalons sur un album mural, témoin de sa croissance et de sa progression dans tous les domaines.*

115

Mariages tactiles

Remplissez un sac de toile de formes diverses, en ayant soin de les apparier par couples : pions de dames, pièces de jeu d'échecs, dés, petits chevaux, lettres de Scrabble... N'en mettez pas trop au départ, on risque de s'y perdre ! Et demandez à votre enfant de les marier, uniquement grâce au toucher. Les couples détectés seront sortis du sac au fur et à mesure des mariages.
Lorsque le jeu devient trop facile, on peut augmenter le nombre des candidats au mariage et compliquer leurs formes (surtout avec les pièces d'un jeu d'échec !).

*** *Développer attention et concentration et augmenter les facultés de discrimination tactile.*

La petite bête qui monte...

116

La petite bête qui monte,
qui monte, qui monte,

(On fait courir deux doigts le long de la colonne vertébrale du bas vers le haut).

Et qui descend, qui descend,
qui descend, qui descend !

(Même mouvement vers le bas.)

* *Chatouilles, tendresse et détente.*

117

Cheval, mon ami

La tête du cheval de chiffon sera coupée et cousue dans un morceau de tissu solide (jambe de vieux jean). Votre enfant pourra vous aider à la bourrer de chiffons. Cousez les accessoires (oreilles, yeux, naseaux, crinière), fixez la bride autour du cou, et la tête sur un manche à balai coupé en deux.
Montrez à votre enfant comment enfourcher sa nouvelle monture pour de belles chevauchées en chambre.

*** *Une infatigable monture tout-terrain de bois et de chiffon pour parcourir les vastes espaces imaginaires.*

118

La queue de l'âne

Dessinez la silhouette de l'âne sur un grand panneau de carton : votre petit artiste vous aidera volontiers à le peindre et même à le tacheter (à l'éponge). Préparez ensuite la fameuse queue (grand écheveau de laine multicolore). Vous fixerez à une des extrémités une grosse boule de scotch, de façon à pouvoir placer puis détacher la queue sans effort. Après un instant d'observation, les concurrents, yeux bandés et éloignés de quelques mètres, doivent rattacher (au bon endroit bien sûr) la queue au corps de l'âne. On est souvent fort étonné du résultat lorsque l'on retire son bandeau !

*** *Jeu d'observation et d'adresse, excellent pour animer une fête d'anniversaire.*

Funambule en chambre

119

Un jour de ménage, laisser traîner un moment le fil (débranché !) de votre aspirateur : tendez-le au sol et demandez à votre petit funambule de le parcourir pieds nus, bras tendus latéralement, sans poser bien sûr le pied dans le vide ni perdre l'équilibre. Il pourra s'imaginer sans peine suspendu à plusieurs mètres d'altitude, devant une foule médusée prête à l'acclamer...

* *Pour faire travailler l'imagination et l'équilibre du corps.*

120

Grimaces

Organisez un grand concours de grimaces : tirer la langue le plus bas possible, puis au plus haut en tentant d'atteindre le nez ; montrer les dents le plus possible en un sourire carnassier, sortir les dents en lapin, se tordre la bouche dans tous les sens pour souffler une bougie imaginaire, s'étirer les yeux en Chinois dissymétrique, ou tirer les yeux vers le bas tout en relevant le nez en l'air... le registre est immense, laissons se déchaîner l'imagination enfantine.

** Une bonne gymnastique faciale aux vertus défoulatoires pour une saine détente.*

121

Gym-coussin

Munissez votre petit sportif d'un coussin : il pourra se promener en le gardant en équilibre sur la tête, sur son dos (penché ou à quatre pattes), en le serrant entre les cuisses, les genoux, les mollets, les chevilles...
Laissez-le explorer toutes les possibilités (il ne manque pas d'imagination !). Lorsqu'il en aura fait le tour, demandez-lui de s'allonger pour se détendre, puis de déposer le coussin sur son ventre, sur sa tête, sous sa tête, son cou, ses pieds...

** Gym douce pour faciliter l'exploration du schéma corporel et se familiariser avec d'importantes notions (sur, sous, entre...) à l'aide d'un matériel de fortune.*

122

Prêchi-Prêcha

Prêchi-prêcha

Ma chemise entre les bras

Mon chapeau sur la tête

Et je dis :
Bonjour, grosse bête !

** Ce jeu légèrement impertinent aide à prendre conscience du schéma corporel ; de plus il aide à prononcher chertaines chuintantes qui peuvent poger des problèmes à chertains enfants.*

Mini-course au trésor

123

Sur un grand carton, délimitez 6 cases. Dessinez dans chacune des cases le contour d'objets facilement repérables dans la maison : ciseaux (à bouts ronds), tasse (incassable), casserole, cuiller, crayon, entonnoir... Demandez ensuite à votre petit détective de se mettre en quête de chaque trésor, et de le poser sur la silhouette correspondante.

** *Il faut savoir deviner, énoncer, puis faire preuve de perspicacité pour chercher au bon endroit dans la maison.*

124

Un, deux, trois, hibou !

Il faut se blottir l'un contre l'autre, nez contre nez, yeux bien clos. On compte ensemble jusqu'à trois : en prononçant le fatidique « hibou », les deux paires d'yeux s'ouvrent en grand et se contemplent... jusqu'au fou-rire !

* *Petit jeu animalier pour grands câlins.*

La petite fabrique de sucettes

125

Faites fondre dans une casserole à fond épais 250 g de sucre roux ou blanc. Ajoutez le parfum de votre choix (sirop de menthe, grenadine, framboise, ou jus de citron, d'orange...). Tournez, laissez prendre le mélange. Préparez un bol d'eau froide, laissez-y tomber une goutte de sirop : si le mélange se cristallise rapidement, cessez la cuisson. Préparez un grand nombre de bâtonnets de bois que vous espacerez sur un marbre huilé ou, à défaut, sur une tôle. Versez le mélange un peu refroidi sur chaque bâtonnet ; façonnez ensemble dès que possible à la forme souhaitée (ronde, ovale, pointue)... Mmh !

✻ Une délicieuse façon d'associer votre enfant à la fabrication de douceurs tout en lui faisant découvrir un monde de sensations olfactives, tactiles et bien sûr gustatives...

126

Peinture en roue libre

Faites rouler sur une vaste feuille une petite voiture dont vous aurez trempé les roues dans de la peinture (à cet effet, couvrez le fond d'une assiette à soupe d'une couche de peinture au doigt ou de gouache). Votre petit peintre s'amusera beaucoup avec les traces des roues, à enchevêtrer les parcours, à rythmer les empreintes, à varier les intensités de couleurs.
Vous pourrez changer de couleur, il vaut mieux alors partir d'une couleur claire, puis jouer sur les mélanges jusqu'au plus foncé... Une bonne occasion de découvrir la magie des combinaisons de couleurs !

✱ Pour imprimer sa trace tout en perfectionnant la maîtrise de son geste et la prise de possession de l'espace.

127

Bonhomme-cerise

Lorsque votre enfant aura été initié aux bonheurs des boucles d'oreilles en cerises jumelles, collez un noyau sur un petit carton.
Dessinez-lui deux yeux, un nez, une bouche. Vous poserez juste au-dessous une queue de cerise, le corps du bonhomme, puis deux queues reliées pour les bras et deux autres pour les jambes aux emplacements adéquats. A présent, faites bouger légèrement le carton : votre petit bonhomme-cerise va s'agiter et prendre des poses comiques en tressautant gaiement.

* *Un bricolage de quatre sous pour s'amuser d'un rien.*

128

Ballon en tête

Prenez un gros ballon assez léger (genre ballon de plage). Le long d'un petit parcours sur un sol propre, on doit utiliser successivement toutes les parties du visage pour pousser le ballon : front, nez, menton, joue, oreille... On peut organiser une mini-course (pourquoi pas avec des obstacles ?).
A vos marques !

*** On doit faire intervenir d'autres parties de son corps que les mains et les pieds pour jouer au ballon, donc utiliser et prendre conscience de son schéma corporel en totalité. Une nouvelle façon de jouer au ballon !*

129

Scions du bois !

Scions, scions, scions du bois,
Pour la mère Nicolas
Qui a cassé ses sabots
En mille morceaux,
Voilà les morceaux !

✱ *Jeu de mains et de rythme, cette formulette bucolique enchante encore et toujours les petits. C'est un des premiers « jeux de tresse ».*

130

Puzzle du corps

Il vous faut pour ce jeu une photo de votre enfant (en pied), agrandie à la photocopieuse. Collez la photocopie sur une carte bristol, puis découpez-la en trois grosses tranches horizontales. (Vous pouvez aussi plastifier le tout.) Demandez à votre enfant de reconstituer sa photo. Plus tard, lorsque le jeu deviendra trop facile, vous pourrez redécouper vos tranches en petits carrés qui deviendront alors un puzzle beaucoup plus élaboré.

* *Jouer avec l'image de son propre corps, la reconstituer sont une aide précieuse à la prise de conscience du schéma corporel.*

Badaboum !

Profitez d'une collection hétéroclite d'objets de toutes sortes (galets, coquillages, jeux de cubes, dînette... tout ce que vous voulez ou ce que vous avez sous la main !).
Le premier joueur place une pièce sur le sol, son adversaire en pose une autre par-dessus, et chacun empile à tour de rôle jusqu'à ce que... l'édifice s'écroule : c'est alors celui qui a posé la dernière pierre, responsable de sa chute, qui a perdu !

** Un des jeux de société les plus simples : les petits s'y initieront inlassablement aux lois de l'équilibre.*

Un p'tit pouce qui marche

132

Un p'tit pouce qui marche
Un p'tit pouce qui marche
Un p'tit pouce qui marche
et ça suffit pour être heureux.

Deux p'tits pouces
qui marchent...

Une p'tite main
qui marche...

Deux p'tites mains
qui marchent...

Un p'tit pied...
Deux p'tits pieds...

Une p'tite jambe...

* *Jeu de détente ; exerce à nommer puis à faire se mouvoir chaque partie du corps.*

133

Rondin, picotin

Rondin, picotin,
La Marie a fait son pain,
Pas plus gros que son levain.
Son levain était moisi,
Et son pain tout aplati.
Tant pis !

*** Comptine des temps lointains où chacun faisait son pain. C'est également une ronde : l'on doit s'accroupir en même temps que le pain s'aplatit, puis se relever sur l'air de « Tant pis ! ».*

Au petit théâtre de la Souris Verte

134

Votre enfant, comme tous les autres, aime à ressasser inlassablement la même ritournelle. Profitez-en pour l'initier au difficile métier d'acteur (pour lequel il possède certainement déjà quelques indéniables dons). Choisissez et disposez devant lui une petite collection de jouets (poupée, ours, robot, animaux divers en peluche...). Votre petit comédien devra s'efforcer d'adopter le ton de chaque personnage dont il se sera saisi : mécanique pour le robot, bourru pour l'ours, très grave pour l'éléphant, suraigu pour la poupée...

*** Pour le plaisir de changer de ton et d'inventer des voix, selon la personnalité à endosser.*

135

Maquillage de fête

Choisissez ensemble les couleurs du maquillage (deux ou trois suffisent) et mettez-vous au travail non loin d'un miroir : votre enfant pourra vous aider à peindre son visage et y surveiller l'avancée des travaux. Vous pourrez puiser votre inspiration dans les maquillages très épurés du théâtre nô ou kabuki : grand triangle rouge du front au nez, fond blanc, bouche et tour des yeux noirs. Ou opter pour une stylisation très géométrique : rayures horizontales multicolores, quadrillages ou losanges ; ou de façon plus contemporaine tour des yeux et de la bouche carré ou rectangulaire pour un maquillage de robot, rayons concentriques pour un soleil...

*** *Peintures de guerre ou faciès de clown, les tout-petits se prêteront plus facilement au maquillage qu'au port du masque, nettement plus angoissant à cet âge.*

136

Bulles de savon

Versez en petite quantité dans une timbale une solution moitié eau, moitié liquide-vaisselle. Mélangez bien à l'aide d'une paille, et montrez à votre enfant comment souffler pour obtenir une myriade de bulles. Irisées, aériennes, géantes ou minuscules, les bulles sont magiques : on peut organiser le concours de la bulle la plus grosse, celle qui vole le plus haut, la plus bizarre, celle qui vit le plus longtemps...
Pour des bulles de plus grande envergure (de préférence en extérieur), on préférera une solution de lessive plus quelques cuillerées de sucre en poudre, à mélanger dans une cuvette. Le haut d'une bouteille d'eau minérale en plastique coupée bien régulièrement offrira l'instrument idéal pour bulles de savon géantes.

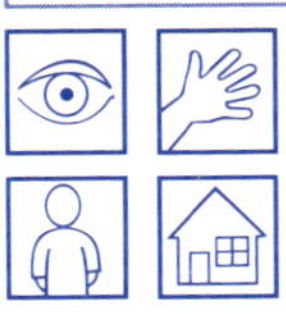

* *Des bulles pour expérimenter et pour rêver.*

137

L'enfant-miroir

Vous êtes face à face, comme devant un miroir. Lorsqu'un l'un d'entre vous amorcera un geste, son double en miroir va lui renvoyer le plus exactement possible le même mouvement. Essayez à tour de rôle. Gestes lents, sourires, penchez-vous : vous êtes nez contre nez ; clignez des yeux, ouvrez-les très grand. Approchez une main, faites mine de nettoyer le miroir. Baissez-vous tout doucement, puis relevez-vous très vite. Recommencez plusieurs fois, puis accélérez dangereusement le rythme : votre pauvre double ne saura plus ou donner de la tête ! Il sera temps alors d'inverser les rôles.

*** *Jouer de ses talents d'imitateur et de mime pour développer la maîtrise gestuelle.*

138

Bateau, ciseau

Bateau, ciseau
La rivière, la rivière,
Bateau, ciseau
La rivière, et tombe dans l'eau !

✱ C'est un des jeux à deux les plus appréciés des tout-petits : il apporte une sensation de détente, tout en faisant travailler l'ensemble du corps et améliore le sens du rythme, du mouvement cadencé.

139

Bonnes feuilles

Pimentez vos saines lectures en duo par d'anodins jeux de recherches : on pourra par exemple comparer les pages préférées de chacun, puis en refermant le livre les retrouver le plus vite possible. Ou bien partir à la recherche au fil des pages de tout ce qui est rouge, de ce qui est comestible, de tout ce qui roule, qui vit, qui est rond, qui bouge... On pourra varier en faisant jouer le hasard : déterminer au préalable un but de recherche (du bleu par exemple), fermer puis ouvrir le livre. C'est gagné si la page comporte une trace de bleu, aussi infime soit-elle. Raconter chacun une page à son tour, à l'endroit puis à l'envers.
Essayer de deviner ce qui se passe derrière la page, ou tenter de se souvenir du dessin précédent. Cacher un dessin et tenter de le deviner. Raconter l'histoire en laissant des trous que votre enfant pourra combler... Sans bien sûr se priver d'imaginer la suite de l'histoire !

*** Multiplier les relations ludiques au livre pour parler, rêver, observer et s'initier au plaisir de la lecture.*

140

Un petit cochon...

Un petit cochon
Pendu au plafond,
Tirez-lui la queue
Il pondra des œufs.
Tirez-lui plus fort
Il pondra de l'or !
Combien en voulez-vous ?

✱ *Une comptine pour le plaisir de compter, qu'on peut chanter seul ou à plusieurs.*

141

Portrait éclaté

En feuilletant ensemble un magazine, partez en quête d'un portrait, tableau ou photo. Après l'avoir découpé, laissez votre enfant le déchirer en morceaux petits ou grands (phase éminemment jubilatoire). Il faudra tenter ensuite de recomposer l'image de ce puzzle nouvelle manière, avant d'en recoller les morceaux (pas si évident d'encoller le côté adéquat !) sur une feuille blanche ou colorée, tout en laissant un espace entre les éléments de la reconstitution : le portrait éclaté s'animera d'une étonnante manière.

** *Une technique aux résultats étonnants, à la portée des tout-petits.*

142

Un drôle d'hélicoptère

Faites décorer la forme prédécoupée de l'hélicoptère au goût de votre artiste préféré. Pliez, et lestez d'un trombone. Laissez tomber l'engin. Le vol tourbillonnant de cet objet non identifié ravira votre apprenti aviateur, qui s'exercera à de nombreux types de vols, en jouant sur les variations de la position de décollage et de lancement.

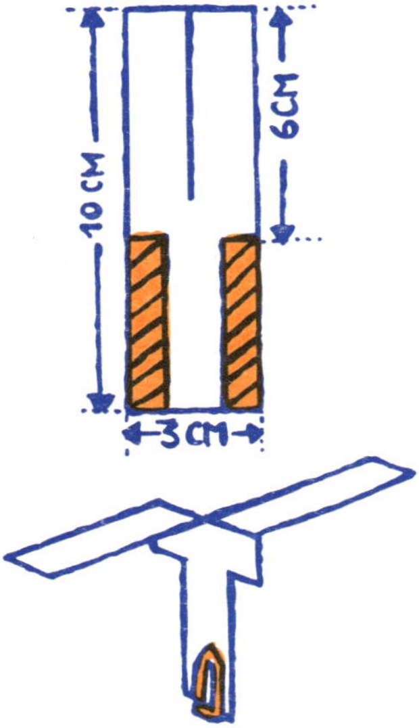

* *L'air, le vol fascinent tout le monde. Les multiples essais favorisent l'expérimentation et l'approche des phénomènes aérodynamiques.*

143

Boule qui roule...

Les joueurs sont assis en rond, jambes écartées : on fait rouler un gros ballon qui va et qui vient de l'un à l'autre. Mais attention, il ne doit pas sortir du cercle !
On peut également jouer à deux, en se faisant face. La règle du jeu est la même.

✱ A cet âge, on a encore un peu de mal à attraper un ballon quand il le faut. Ce jeu, très apprécié des petits, permet de s'y exercer sans embûches.

144

Le roi Dagobert

La chanson est illustre, sans doute parce qu'à cet âge on ne déteste pas perturber le cours des choses pour y glisser un brin de fantaisie. On s'amusera beaucoup à prendre exemple sur le roi Dagobert pour s'habiller : pantalon à l'envers bien sûr, chemise et pull idem, chaussettes aux mains et gants aux pieds, et pour terminer bonnet ou cagoule à l'envers !

*** *Humour et diversion pour une meilleure autonomie : savoir s'habiller à l'envers pour mieux s'habiller à l'endroit.*

Senteurs mêlées

Faites provision de plantes et d'écorces séchées de toutes sortes pour fabriquer de petits sacs à senteurs : lavande, tilleul, écorces d'oranges et clous de girofle, aiguilles de pin, thym, romarin, menthe, vanille et cannelle, etc. Remplissez vos sacs en double exemplaire : lorsque la collection sera prête, mélangez tous les arômes et confiez-les au petit nez. Comparez vos préférés, et demandez-lui de retrouver la trace de leur jumeau, et de vous aider à les classer avant de les envoyer embaumer les armoires de la maison.

*** Recherches olfactives pour exercer le plus oublié des cinq sens.*

Bons baisers de partout

146

Vous connaissez sans doute le baiser de l'Esquimau (frotti-frotta nez contre nez), celui du papillon (battements de paupière contre joue), rien n'interdit d'en inventer d'autres. Laissons de côté celui du lion (trop agressif), mais pourquoi pas celui du chat, du fantôme ou de l'araignée ? Sans oublier le baiser à distance, que l'on fera glisser d'un souffle léger sur la paume de la main.

** A distribuer sans parcimonie un jour de grand câlin.*

147

Pomme de reinette

Pomme de reinette et pomme d'api
D'api, d'api rouge
Pomme de reinette et pomme d'api
D'api, d'api gris.

D'api, d'api, d'api, d'api rouge
D'api, d'api, d'api, d'api gris.

Cache tes mains derrière ton dos
Si tu n'veux pas un coup d'marteau !

** On pourra perfectionner un peu plus tard en faisant alterner les poings en rythme : poing droit sur poing gauche, poing gauche sur poing droit...*

Gribouilles

148

Avec un gros feutre, un stylo à bille ou un simple crayon, laissez votre jeune artiste gribouiller à son aise ; puis demandez-lui de remplir complètement la feuille, et d'occuper tout l'espace : on peut varier les mouvements circulaires (dans un sens, dans l'autre, monter, descendre, trait léger, trait appuyé, etc.).

* *On essaie de libérer et de maîtriser son geste, d'occuper un espace, de moduler son action.*

149

Robot téléguidé

Le petit robot va exécuter lentement, avec des gestes saccadés, les ordres les plus variés : comme il est très perfectionné, on le verra lever une jambe, un bras, dire oui et non, faire un pas, puis deux, reculer, s'accroupir, s'asseoir, étendre les jambes, s'allonger sur le dos, sur le ventre, rouler, se relever, sauter deux fois, aller chercher un objet bien précis, etc.

*** Pour se familiariser avec des notions spatiales telles que devant, derrière, autour, s'exercer à la maîtrise de ses mouvements et mieux connaître les différentes parties de son corps.*

150

Robinson

Les traces de pas dans le sable mouillé sont un point de départ intéressant. On s'amusera beaucoup, après avoir préparé un parcours tortueux, à voir le petit Robinson s'appliquer à mettre ses pas dans les vôtres : démarche en canard, ou à l'inverse les pieds en dedans, en crabe, à reculons, en sautant à pieds joints, en ne marchant que sur les talons, ou sur les pointes, slalom entre des coquillages, franchir une mare en ne posant ses pieds que sur des galets...

*** Observer, imiter, marcher pieds nus, courir, bouger, sauter dans le sable... excellent pour le corps comme pour la tête.*

2 ANS

Index alphabétique

2 ANS

Index thématique

1 Jeux pour plusieurs enfants

2 Jeux pour un enfant seul

3 Jeux d'extérieur
(courir, bouger, découvrir la nature)

4 Jeux de plage

5 Jeux dans l'eau
(baignoire, piscine, mer)

6 Jeux pour se calmer, se relaxer

7 Pour jouer dans la cuisine

8 Jeux pour patienter
(salles d'attente, lit...)

9 Jeux pour patienter en voyage
(voiture, train, avion...)
*(On peut aussi piocher dans les rubriques **6** et **8**)*

10 Jeux des premiers apprentissages
(langue, réflexion, logique, observation, socialisation, motricité fine, découverte du schéma corporel...)

11 Jeux pour s'exprimer
(langage, art, expression corporelle)

2 ANS

Conception :
Sylvia Dorance, Pack 2

Maquette intérieure :
Ulrich Meyer, Primart

Achevé d'imprimer en décembre 1998
sur les presses de l'Imprimerie Carlo Descamps
59163 Condé-sur-l'Escaut
N° d'éditeur : 943
N° d'imprimeur : 098583
Dépôt légal : décembre 1998

Manualidades: fabrica tus títeres

Dirección editorial: Ana Doblado
Ilustraciones, textos y mapas: Equipo Susaeta con la colaboración de Alicia Pereiro y Diego y Héctor Ronzoni.
Corrección: Carmen Blázquez

C/ Campezo, s/n - 28022 Madrid
Tel.: 913 009 100 - Fax: 913 009 118

Manualidades: fabrica tus títeres

susaeta

Una forma muy especial de alegrar a los niños más pequeños y conseguir que se diviertan es invitándolos a presenciar una función de títeres. Son muñecos que se utilizan para simular una representación teatral, si bien en la mayoría de los casos no es necesario contar con un escenario.

Los títeres se asocian a la dorada época de la niñez en la que padres o abuelos causaban sorpresa y alegría al público infantil narrando las andanzas de personajes reales o imaginarios y, a través de sus moralejas, transmitían experiencias y enseñanzas.

Resultan un medio ideal para ayudar a los pequeños a ampliar su vocabulario y para enseñarles normas de convivencia, que son mejor asimiladas a través del ejemplo de sus títeres preferidos.

Este libro presenta una gran variedad de modelos, de distintas características, pero muy fáciles de hacer y nada costosos, ya que para crearlos se pueden aprovechar los retazos de tela que haya casa. Por ese motivo, aunque existe una manera básica de realizarlos, se sugieren ideas y técnicas que, combinadas, permitan crear modelos propios.

En los distintos capítulos se desarrollan seis tipos de títeres: de dedo, de calcetín, sorpresa, de gomaespuma, de guante y de varillas; y también dos teatrillos, para representar funciones imaginativas y sumamente divertidas.

Títeres de dedo:
Se trata de personajes de tamaño reducido que se manejan solo con un dedo, por lo que son fáciles de usar. Resultan especialmente indicados para los niños de corta edad, que al jugar con ellos pueden exteriorizar libremente sus estados de ánimo y sus emociones, y además dar alas a su imaginación creando sus propias historias.

Títeres de calcetín:
El cuerpo del títere lo constituye una media o calcetín, y es la mano que mueve la boca la que logra expresiones y actitudes diversas en cada muñeco.

Introducción

Títeres sorpresa:
Son títeres sencillos cuya cabeza está sujeta a una larga varilla. El bajo del vestido del títere se adhiere al borde superior de un recipiente en forma de cono y se maneja sujetando con una mano la varilla, que sobresale del cono, y con la otra la base.
El movimiento de la varilla, hacia arriba y hacia abajo, logra que el títere se esconda dentro del recipiente y vuelva a salir, para sorpresa de los más pequeños. Fáciles de realizar, resultan ideales para divertir a los niños de corta edad.

Títeres de varillas:
Se los identifica porque a cada personaje se le incorporan dos varillas: una ubicada dentro de la cabeza, que sostiene el títere, y la otra a una de sus manos, lo que le permite realizar graciosos movimientos y ademanes.

Títeres de gomaespuma:
Tienen forma de manopla y aquí se han hecho con planchas de gomaespuma, un material muy dúctil y fácil de trabajar con el que se pueden conseguir las más variadas formas. En este capítulo se construyen cuatro animales marinos con los que se pueden inventar divertidas historias.

Títeres de guante:
Su largo vestido permite ocultar la mano del titiritero, que los maneja con tres dedos: uno metido dentro de la cabeza y los otros dos en las mangas del vestido.

La variedad de modelos y posibilidades es enorme, ya que no existen límites a la hora de incorporar detalles en la construcción de los personajes; el resultado dependerá en gran medida de la creatividad de quien los realiza. Cuanto más cómicos, insólitos, coloristas y disparatados sean, mejores resultados se obtendrán.

De la habilidad de los titiriteros y de la gracia y comicidad de los personajes dependerá el impacto que causen sobre los pequeños espectadores.

capítulo 1 Títeres de dedo

capítulo 2 Títeres de calcetín

capítulo 3 Títeres sorpresa

Índice

Cómo trabajar con gomaespuma

La gomaespuma es un material muy fácil de trabajar. Se puede adquirir en forma de placas de diversos colores y grosores en tiendas especializadas. Para hacer títeres, generalmente se utiliza de 5 mm o 10 mm de grosor, pero en cada modelo encontrarás las indicaciones necesarias sobre la que se requiere.

Para adherir las piezas procede así:

Guiándote por el gráfico 1, comienza echando pegamento universal en el canto de cada una de las piezas que quieras unir y déjalo secar (Fig. 1).

A continuación, junta los bordes de las piezas que desees unir, asegurándote de que están bien colocadas, ya que una vez que las unas te resultará imposible separarlas (Fig. 2).

Para unir los cantos de las piezas, tienes que «pellizcar» suavemente ambos bordes hasta lograr que queden unidos, de la misma manera que si hubieses realizado una costura (Fig. 3).

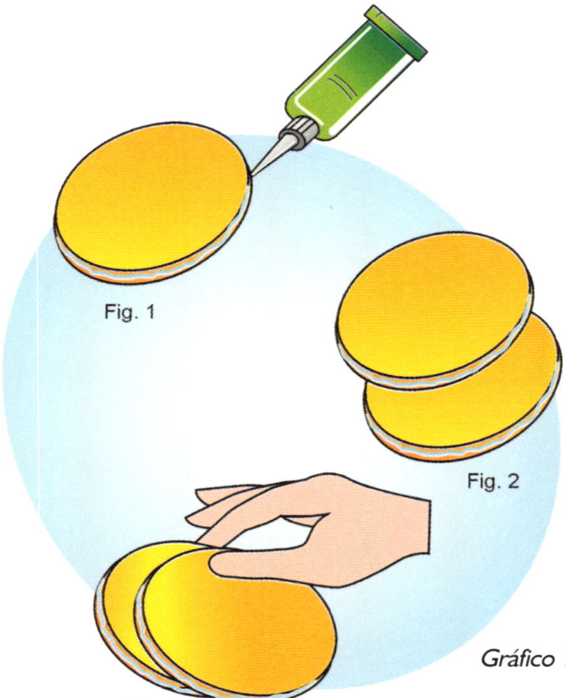

Gráfico I

Cómo pintar los modelos:

Podrás utilizar pinturas acrílicas o témperas, coloreando por zonas o totalmente, de acuerdo a tus preferencias o a las sugerencias dadas en el caso del modelo que quieras realizar.

Para obtener mejores resultados en el teñido de las piezas procede así:

Guiándote por el gráfico 2, fabrica una «muñequilla» con un trozo de gomaespuma de la siguiente manera:

Importante

Los modelos pueden colorearse antes o después de realizar el montaje final.

Corta un cuadrado de gomaespuma de unos 8 cm de lado y ata juntas las cuatro puntas con un hilo (Figs. 1, 2 y 3).

Luego prepara el color echando en un cuenco un poco de pintura acrílica o témpera y remuévela hasta eliminar cualquier grumo. Introduce la muñequilla dentro del recipiente para que se impregne con el color elegido (Fig. 4).

Finalmente da toquecitos sobre la gomaespuma con la muñequilla hasta lograr que el color resulte homogéneo o veteado, de acuerdo con las indicaciones que se dan en cada modelo.

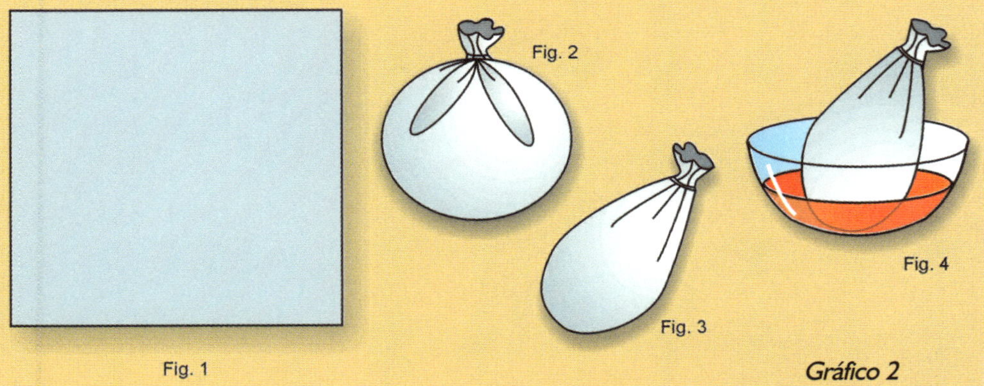

Gráfico 2

Capítulo 1

Títeres de Dedo

El Perro Guardián

Materiales necesarios

- Lápiz
- Tijera
- Pegamento de contacto
- Rotuladores indelebles negro y verde
- Gomaespuma de 10 mm de grosor amarilla, roja y rosa

Realización:

Comienza echando pegamento en el borde de las piezas (C), que corresponden a las orejas y déjalo secar.
Luego superpón ambas piezas (C), haciéndolas coincidir, y adhiérelas a base de dar pequeños pellizcos en toda la unión.

Importante

Recuerda que las bases de las piezas A y B no deben pegarse.

Echa pegamento en el canto de las piezas (A) y (B), excepto en la base, y déjalo secar.

Gráfico 1

Montaje:
Cuerpo:
Guiándote por el gráfico 1, haz coincidir la pieza (B) con uno de los laterales del perrito (A) y adhiérelas presionando con pequeños pellizcos.
Repite la operación ubicando ahora la otra pieza (A) al otro lado y adhiérela pellizcando nuevamente.

Cola:
Echa pegamento en la base de la cola (D) y en la parte inferior de la unión del cuerpo del perrito y pégala.

Orejas:
Extiende pegamento en la zona donde se estrechan las orejas y pégalas a los lados de la cabeza.

Puedes colocar las orejas en otra posición para darle al perrito un aspecto distinto.

Decoración:
Para finalizar, pinta las manchas con un rotulador indeleble verde y dibuja los ojos y la nariz con rotulador negro.

Detalle de las piezas

Corta las piezas en gomaespuma.

- (A) Cuerpo: 2 piezas amarillas
- (B) Frontal: 1 pieza amarilla
- (C) Orejas: 4 piezas rosas
- (D) Cola: 1 pieza roja

Moldes

Los moldes de este modelo están dibujados a tamaño real.

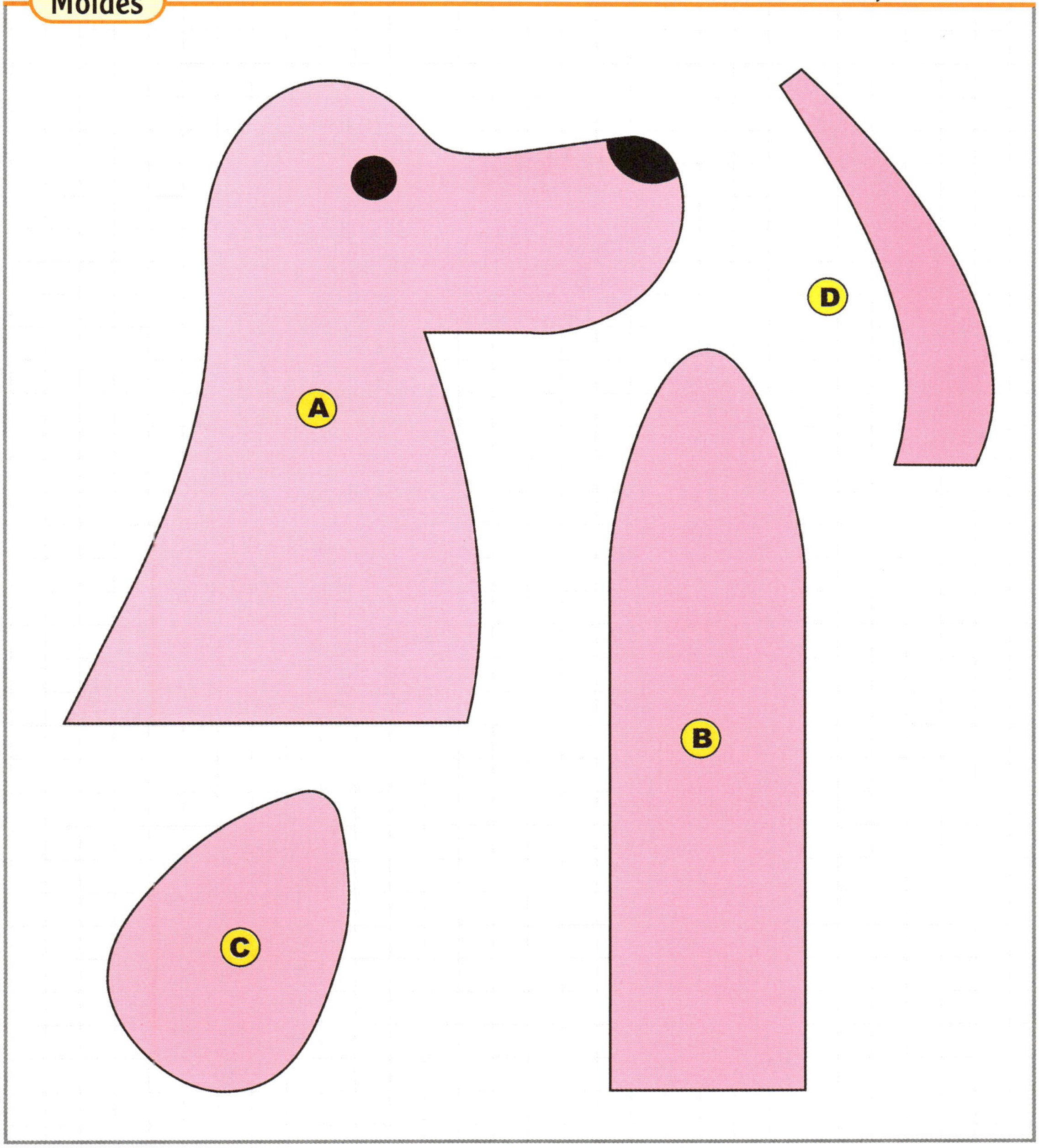

El Gusanito Curioso

Materiales necesarios

- Lápiz
- Tijera
- Pegamento de contacto
- Rotulador indeleble negro
- Gomaespuma de 5 mm de grosor amarilla, verde y rosa

Realización:

Cuerpo:
Comienza echando pegamento en el contorno de las piezas (A), dejando sin adhesivo el tramo entre 1 y 2 indicado en el molde. Déjalo secar. Por esa abertura de la base podrás introducir el dedo y dar movimiento al títere.

Luego superpón ambas piezas (A), haciéndolas coincidir, y adhiérelas con pequeños pellizcos a lo largo de toda la unión.

Copete:
Haz cortes en un lado de la pieza (B), como muestra el gráfico, dejando medio centímetro sin cortar.

Echa pegamento en el borde opuesto a los cortes y déjalo secar.
Enrolla en forma de espiral la tira (B) presionando. Una vez formado el copete, pégalo a la cabeza del títere.

Follaje:
Echa pegamento en la base del follaje (C) y déjalo secar.

A continuación pégalo en la base del gusanito cuidando que quede abierto el tramo el tramo entre 1 y 2 para poder manipular el títere.
Finalmente, dibuja con rotulador los ojos a ambos lados de la cabeza del gusanito.

Gráfico 1

Los moldes de este modelo están dibujados a tamaño real.

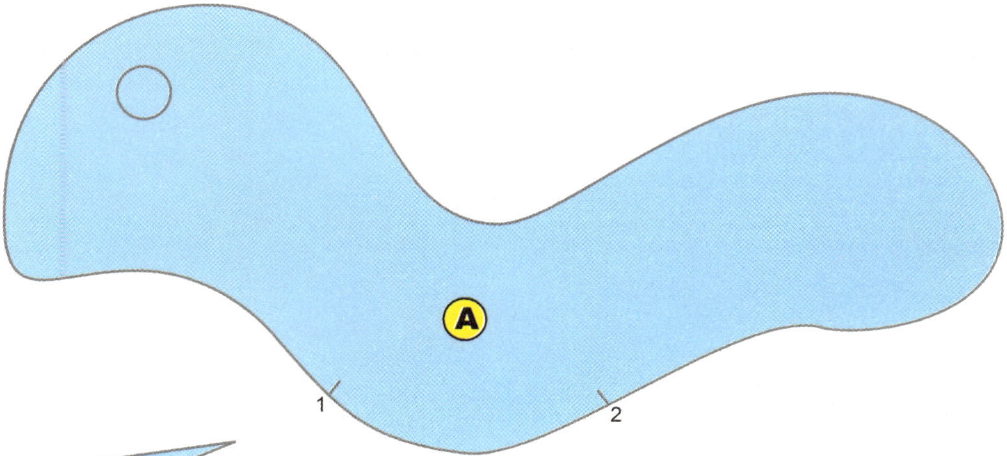

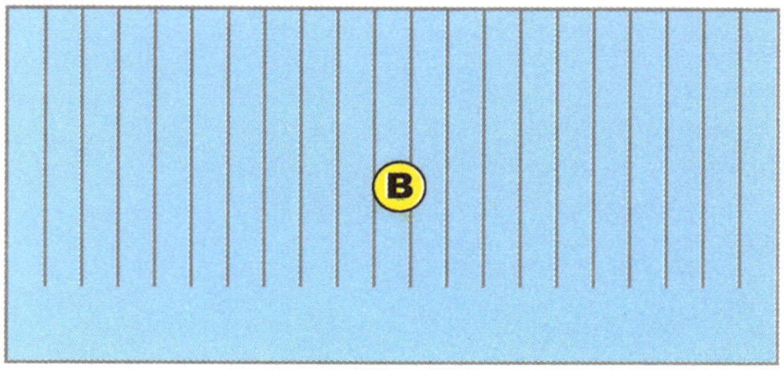

C

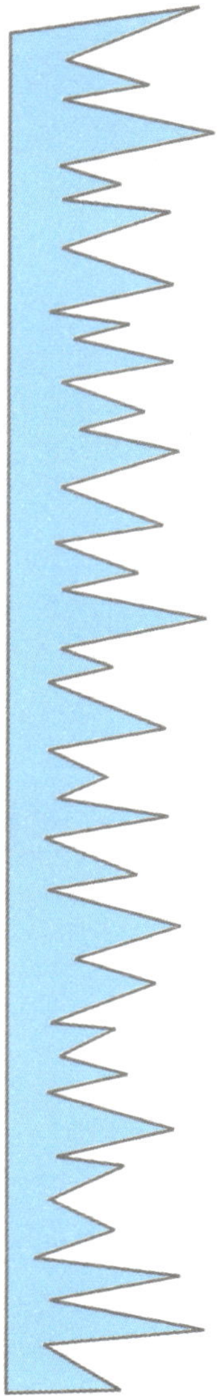

Detalle de las piezas

Corta las piezas en gomaespuma.

- Ⓐ Cuerpo: 2 piezas amarillas
- Ⓑ Copete: 1 pieza rosa
- Ⓒ Follaje: 1 pieza verde

La Gallina Colorines

Materiales necesarios

- Lápiz
- Tijera
- Pegamento de contacto
- Rotulador indeleble negro
- Gomaespuma de 5 mm de grosor verde, rosa y amarilla
- 2 esferas de poliespán de 1 cm de diámetro

Realización:

Cuerpo:
Echa pegamento en el canto de las piezas (A) dejando libre el tramo entre 2 y 3, que corresponde a la abertura que permitirá introducir el dedo para manipular el títere. Déjalo secar.

Gráfico I

Frontal:
Echa pegamento en el contorno de la pieza (B), excepto en la base, y déjalo secar.
Adhiere luego el frontal entre ambas piezas (A).

Cresta:
Pega la cresta a la cabeza de la gallinita con pegamento.

Alas:
Echa pegamento en las partes redondeadas de las alas (F) y adhiérelas a ambos lados del cuerpo, como muestra el modelo terminado.

Ojos:
Echa pegamento en las tiras (D) y adhiérelas alrededor de cada esfera (C).

A continuación pégalas a ambos lados de la cabeza de la gallinita.

Finalmente, dibuja las pupilas en cada esfera con rotulador indeleble negro.

Los moldes de este modelo están dibujados a tamaño real.

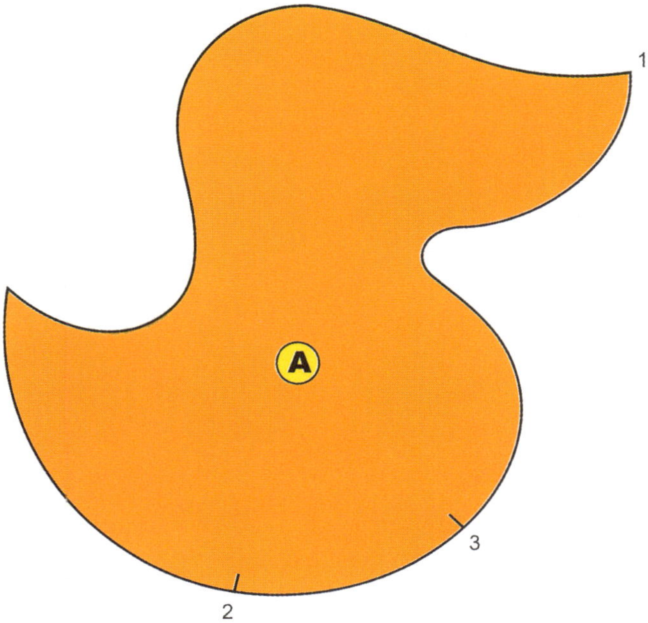

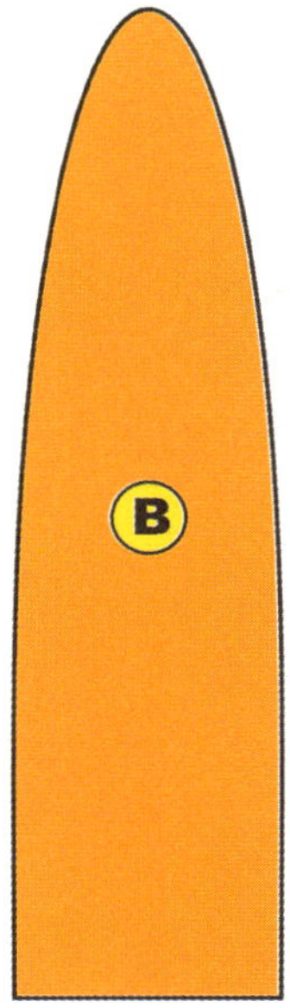

Detalle de las piezas

Corta las piezas en los materiales indicados.

- (A) Cuerpo: 2 piezas de gomaespuma rosa
- (B) Frontal: 1 pieza de gomaespuma rosa
- (C) Cresta: 1 pieza de gomaespuma verde
- (D) Borde del ojo: 2 piezas de gomaespuma verde
- (E) Ojos: 2 esferas de poliespán de 1 cm de diámetro
- (F) Alas: 2 piezas de gomaespuma amarilla

La Cebra Rayitas

Materiales necesarios

- Lápiz
- Pincel
- Tijera
- Pegamento de contacto
- Pintura acrílica negra y azul
- Gomaespuma blanca de 10 mm de grosor
- Gomaespuma verde de 5 mm de grosor
- 1 esfera de poliespán de 1 cm de diámetro

Realización:

Empieza echando pegamento en el contorno de las piezas (A) y (B), dejando sin adhesivo ambas bases.

Montaje:

Cuerpo:

Guiándote por el gráfico 1, haz coincidir el frontal (B) con uno de los laterales de la cebra (A) y adhiere las piezas presionando con pequeños pellizcos. Repite la operación ubicando la otra pieza (A) al otro lado. Pega luego el dorso de las piezas A.

Crin:

Echa pegamento en ambas piezas (E) y en el dorso de la cebra.

Cuando el adhesivo se haya secado, superpón ambas piezas (E) y adhiérelas entre sí.

Luego une la crin al dorso presionando hasta que quede sujeta.

Orejas:

Pega las orejas (C) a ambos lados de la cara.

Ojos:

Dibuja los ojos con pintura azul.

Rayas de la cebra:

Utilizando pintura negra y guiándote por el modelo terminado, imita las rayas de la cebra.

Hocico:

Pinta la esfera (D) de color violeta y déjala secar. Finalmente pégala para formar el hocico.

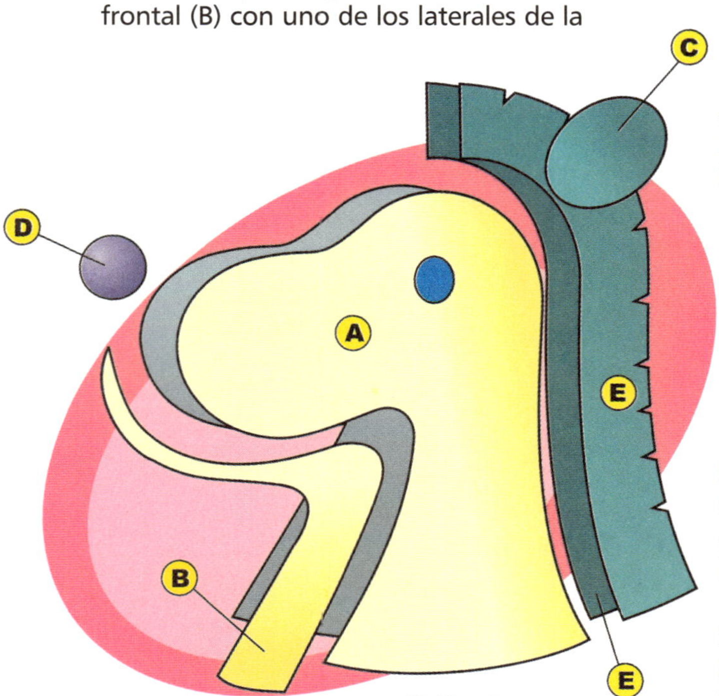

Gráfico 1

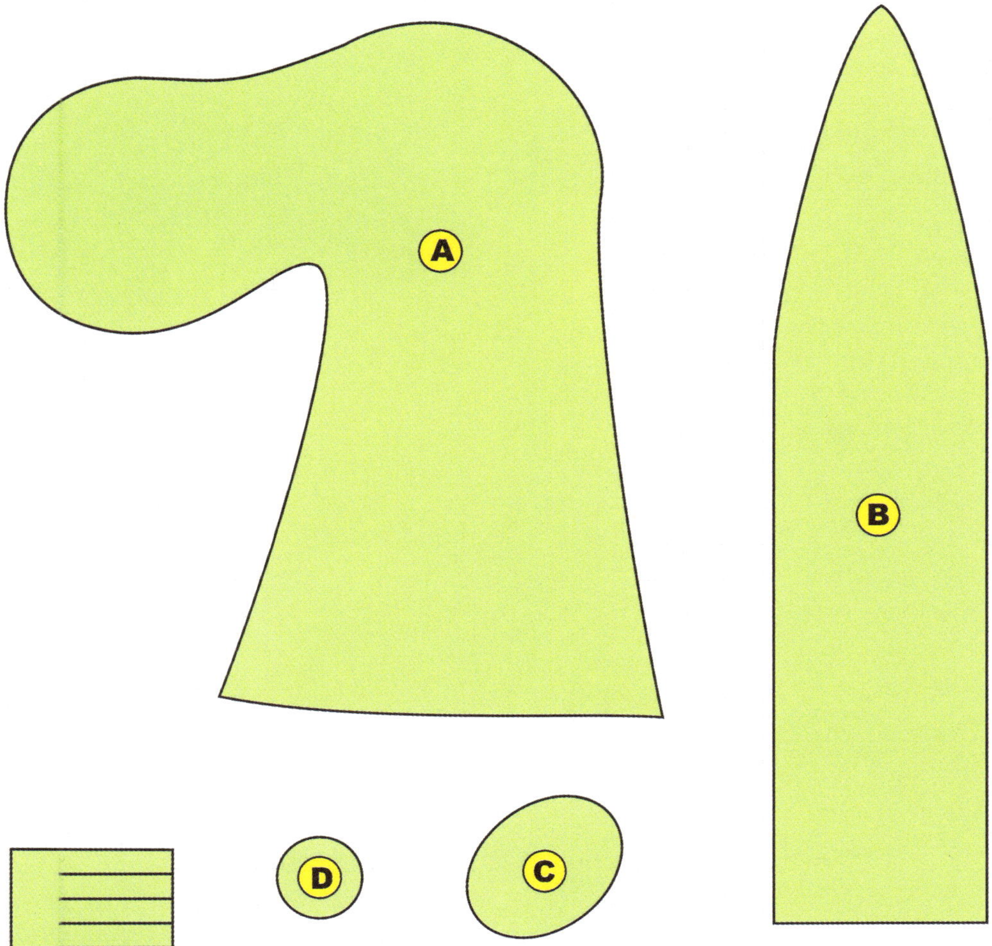

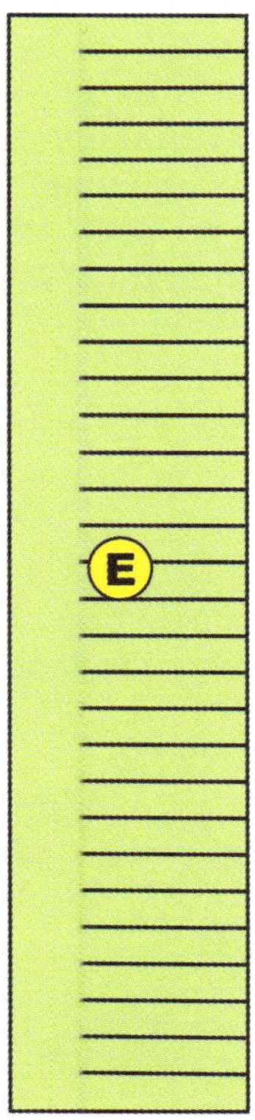

Detalle de las piezas

Corta las piezas en los materiales indicados.

- Ⓐ Cuerpo: 2 piezas de gomaespuma blanca
- Ⓑ Frontal: 1 pieza de gomaespuma blanca
- Ⓒ Orejas: 2 piezas de gomaespuma verde de 5 mm de grosor
- Ⓓ Hocico: 1 esfera de poliespán de 1 cm de diámetro
- Ⓔ Crin: 2 piezas de gomaespuma verde de 5 mm de grosor

La Jirafa Cuellifina

Materiales necesarios

- Lápiz
- Pincel
- Tijera
- Pegamento de contacto
- Pintura acrílica negra y verde
- Gomaespuma amarilla de 10 mm
- Espuma recortable (foamy) naranja

Gráfico I

Realización:

Echa pegamento en el canto de cada una de las piezas (A), que corresponden a la cabeza y el cuello, y déjalo secar.
Recuerda que la base no lleva adhesivo, ya que es por donde se mete el dedo.

Luego superpón ambas piezas (A) haciéndolas coincidir y adhiérelas a base de pequeños pellizcos en toda la unión.

Montaje:
Guiándote por el gráfico 1, pega las orejas (C), los cuernos (D) y los labios que formarán el hocico (B).

Decoración:
Por último, pinta las manchas de la jirafa con pintura verde y los ojos con pintura negra.

Moldes

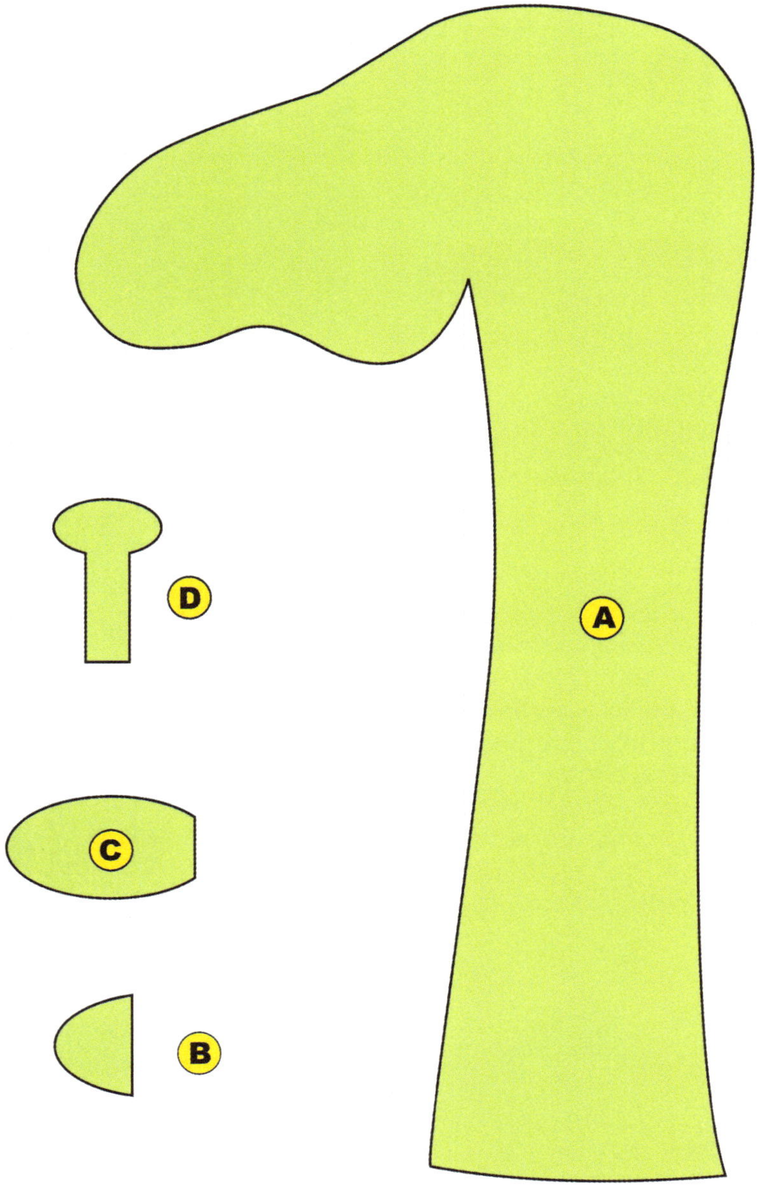

Los moldes de este modelo están dibujados a tamaño real.

Detalle de las piezas

Corta las piezas en los materiales indicados.

- Ⓐ Cabeza y cuello: 2 piezas de gomaespuma amarilla
- Ⓑ Hocico: 2 piezas de espuma naranja
- Ⓒ Orejas: 2 piezas de espuma naranja
- Ⓓ Cuernos: 2 piezas de espuma naranja

La Ranita Saltarina

Materiales necesarios

- Lápiz
- Tijera
- Pegamento de contacto
- Rotulador indeleble naranja
- Gomaespuma verde de 5 mm de grosor

Realización:

Cuerpo:

Extiende pegamento en el canto de las piezas (A) y (C) teniendo en cuenta que la base, desde 1 hasta 2, no lleva pegamento, ya que esa abertura permitirá introducir el dedo y dar movimiento al títere.

Echa pegamento igualmente en el canto de la pieza (B) y en los lados rectos de las patas (D) y espera a que se seque.

Gráfico 1

Montaje:

Para que entiendas cuál es el modo correcto de colocar las piezas, guíate por el gráfico 1.

Comienza superponiendo las pieza (A) y (C) haciendo coincidir los lados rectos y adhiere uno de ellos mediante pellizquitos a lo largo de toda la unión. Repite la operación para unir el otro lado.

Guiándote siempre por el gráfico 1, ubica la pieza (B), que corresponde a la cara, entre la pieza frontal (A) y la espalda (C). Pega la línea de unión nuevamente mediante pellizcos hasta lograr que toda la superficie quede adherida.

Con el mismo procedimiento, une las aletas a ambos lados del cuerpo de la ranita.

Ojos:

Dibuja los ojos con rotulador indeleble negro. Bordea con rotulador naranja todo el contorno de la boca, formada por la unión de las piezas (B) y (A). Finalmente, dibuja los lunares en la parte frontal del cuerpo de la ranita.

Los moldes de este modelo están dibujados a tamaño real.

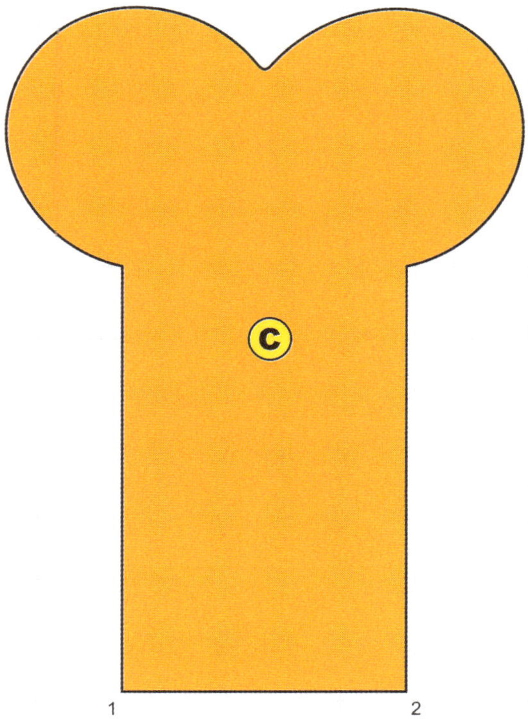

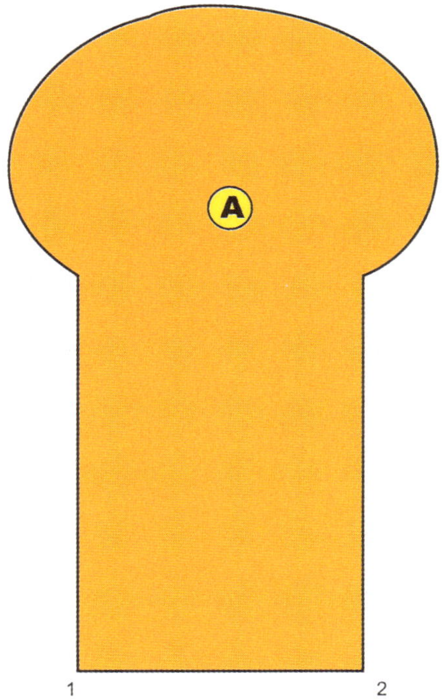

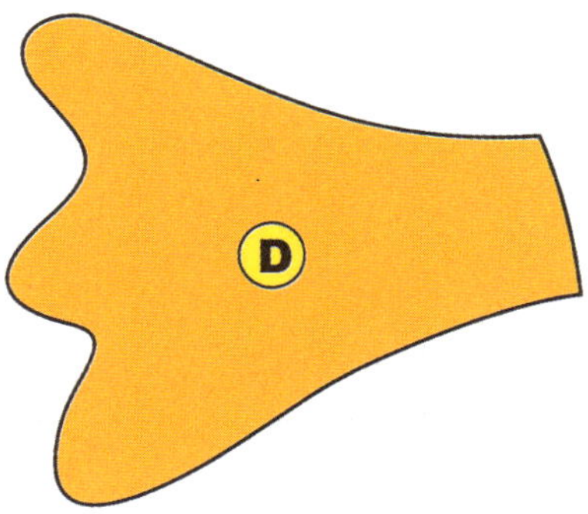

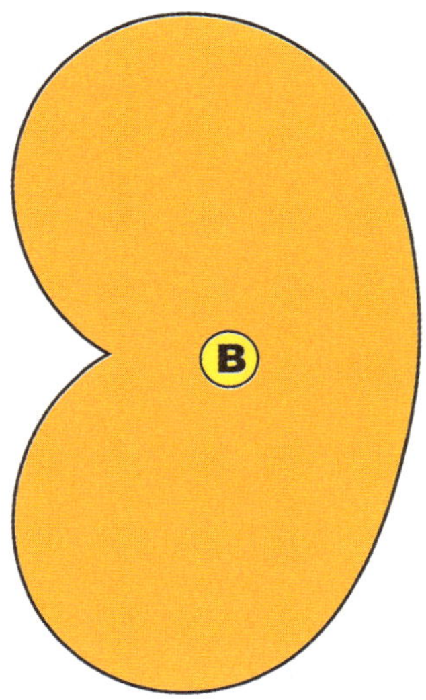

Detalle de las piezas

Corta las piezas en los materiales indicados.

- (A) Frontal: 1 pieza de gomaespuma verde
- (B) Cabeza: 1 pieza de gomaespuma verde
- (C) Espalda: 1 pieza de gomaespuma verde
- (D) Patas: 2 piezas de gomaespuma verde

La Mariposa Voltereta

Materiales necesarios

- Lápiz
- Tijera
- Pegamento de contacto
- Rotulador indeleble negro
- Gomaespuma de 10 mm de grosor amarilla, verde, naranja y rosa

Realización:

Cuerpo:
Echa pegamento en el canto de las dos piezas (A), que corresponden al cuerpo, y déjalo secar.

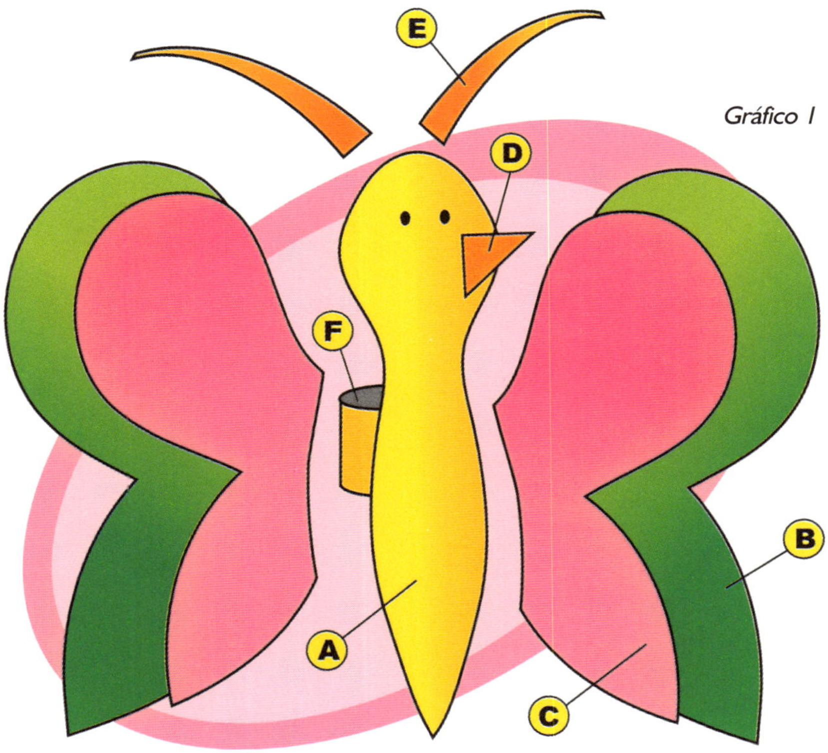

Gráfico I

Luego superpón ambas piezas (A) haciéndolas coincidir y adhiérelas dando pequeños pellizcos a lo largo de toda la unión.

Antenas y boca:
Echa pegamento en la base de ambas piezas (E) y en la (D). Cuando el adhesivo esté seco, pega las antenas (E) a ambos lados de la cabeza y la boca (D) en el centro de la cara, como muestra el modelo terminado.

Alas:
Echa pegamento en los bordes de cada una de las piezas (B) y (C), indicados en los moldes con los números 1 y 2, y déjalo secar.

Pega las alas, con pequeños pellizcos, a ambos lados del cuerpo. Recuerda que las alas más grandes (B) se ubicarán primero, para que queden detrás de las más pequeñas (C).

Ojos:
Con un rotulador negro indeleble, dibuja los ojos.

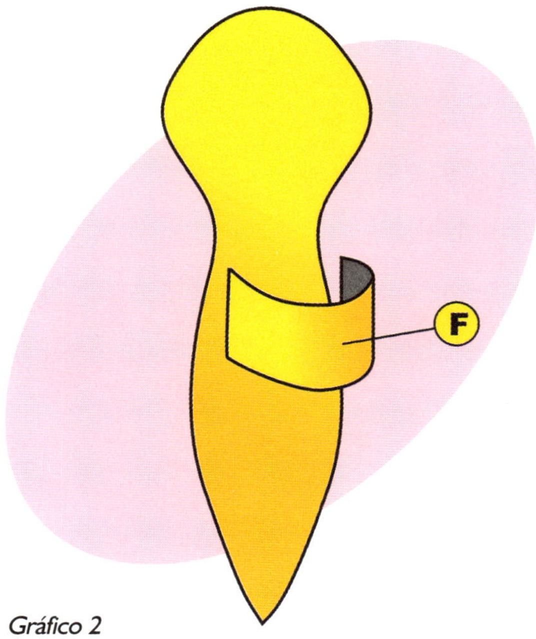

Gráfico 2

Por último, pega por detrás del cuerpo de la mariposa la pieza F, como indica el gráfico 2, utilizando el mismo procedimiento de pegado que con las piezas anteriores.

La pieza (F) permite que puedas introducir el dedo para hacer bailar al títere.

Los moldes de este modelo están dibujados a tamaño real.

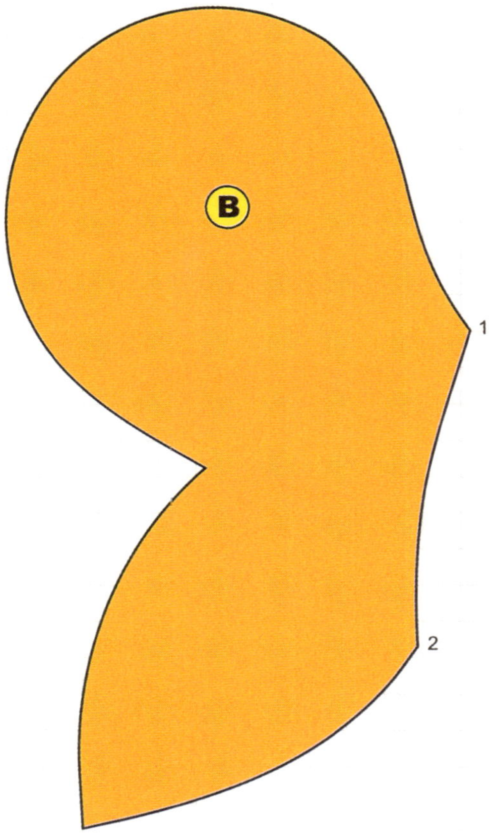

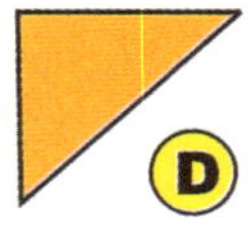

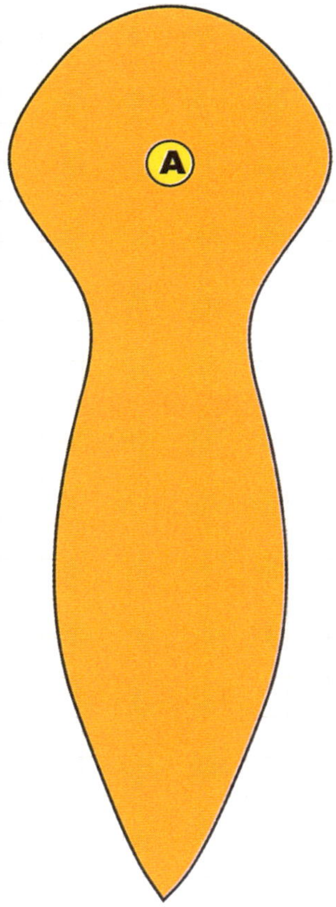

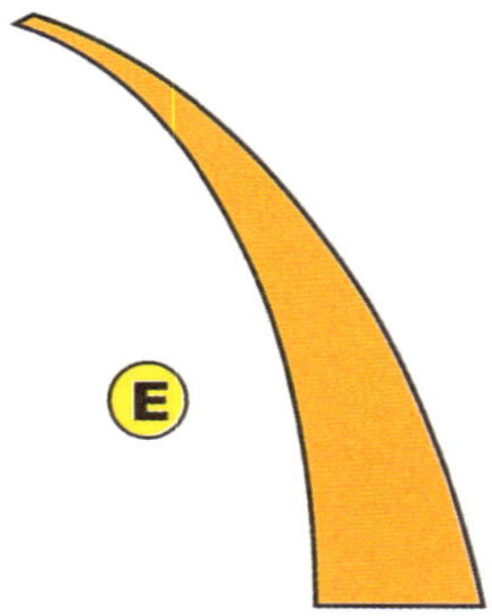

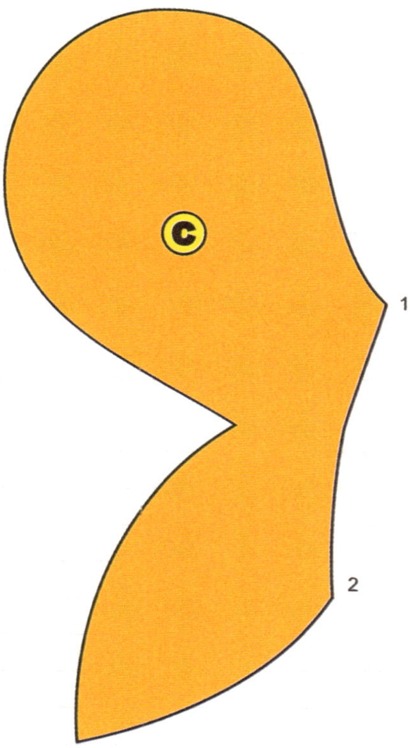

Detalle de las piezas

Corta las piezas en gomaespuma.

Cuerpo:

- (A) Cuerpo: 2 piezas amarillas
- (B) Alas: 2 piezas verdes
- (C) Alas: 2 piezas rosas
- (D) Boca: 1 pieza naranja
- (E) Antenas: 2 piezas naranjas

Sostén del títere:

- (F) 1 pieza amarilla

Teatrillo de títeres

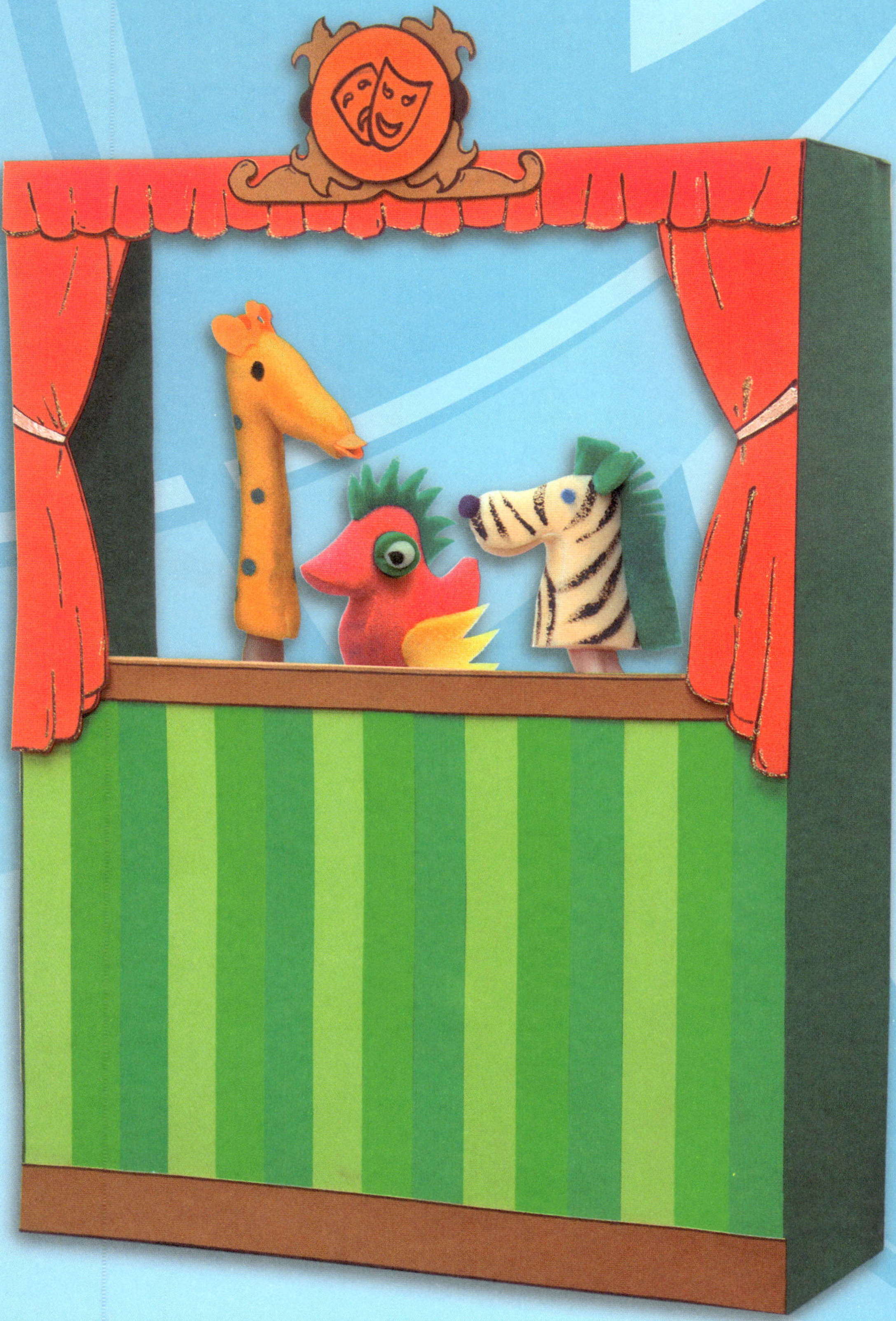

Realización:

Abertura de la caja:
Marca con un lápiz el rectángulo que formará la abertura del escenario.
Luego córtalo con un cúter tratando de que el corte sea limpio y retira el rectángulo de cartón.

Forrado:
Pega con pegamento los laterales (B), el techo y la base (C). A continuación pega la pieza (A) en el frente, cuidando de que las uniones con los laterales queden bien.

Decoración:
Pega las piezas (F) y (G).

Telón:
Guiándote por el modelo terminado, dibuja con rotulador negro los pliegues del cortinaje sobre las piezas (D) y (E).

Por último, pega las piezas (D) a ambos lados de la abertura y el cabecero (E) encima de ambas, para lograr el efecto de volumen del telón.

Materiales necesarios

- Lápiz y regla
- Tijera
- Cúter
- Pegamento universal
- Rotulador indeleble negro
- 1 caja de cartón de 40 x 55 cm
- Espuma recortable (foamy) verde, roja, marrón y a rayas

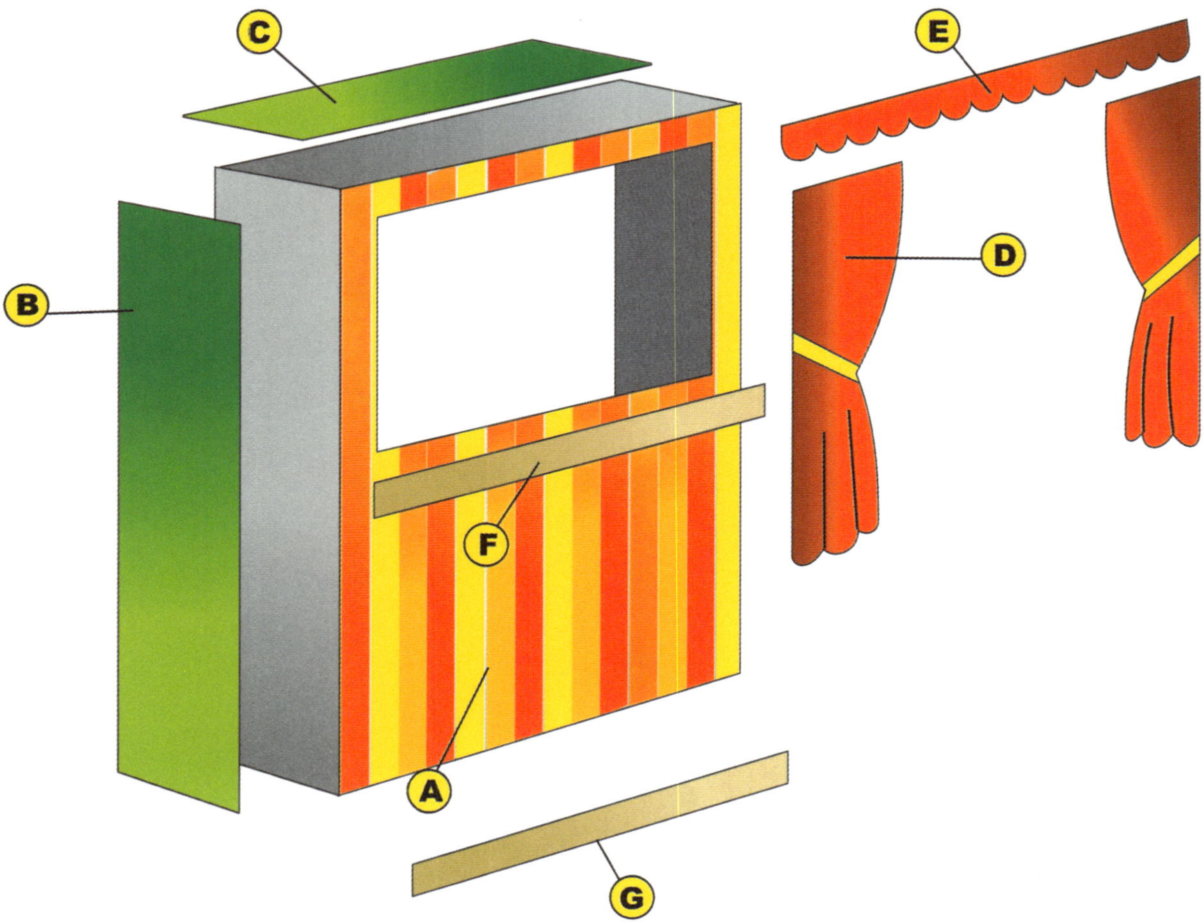

Moldes

Amplía los moldes proporcionalmente tomando como referencia las medidas.

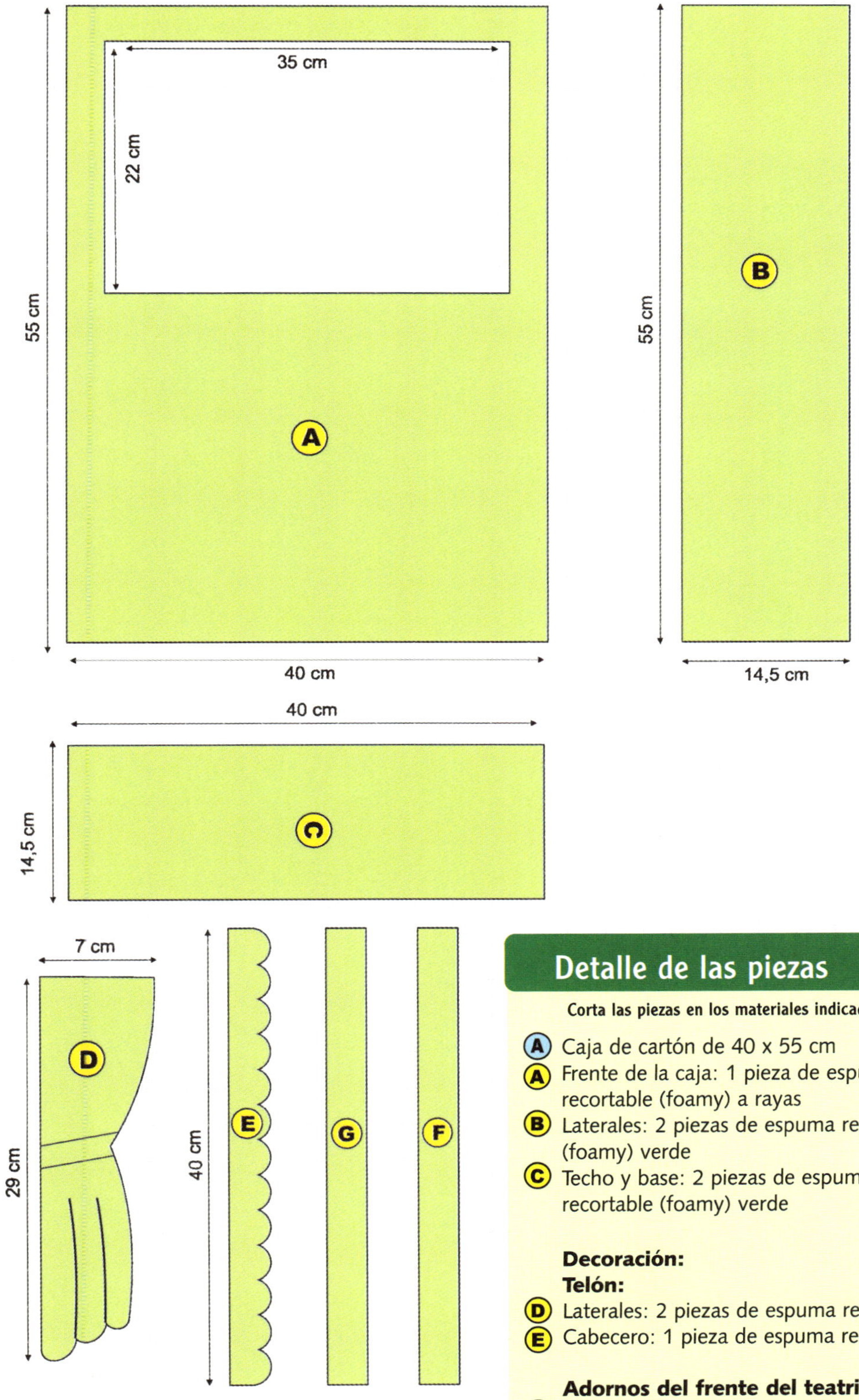

Detalle de las piezas

Corta las piezas en los materiales indicados.

- (A) Caja de cartón de 40 x 55 cm
- (A) Frente de la caja: 1 pieza de espuma recortable (foamy) a rayas
- (B) Laterales: 2 piezas de espuma recortable (foamy) verde
- (C) Techo y base: 2 piezas de espuma recortable (foamy) verde

Decoración:

Telón:

- (D) Laterales: 2 piezas de espuma recortable roja
- (E) Cabecero: 1 pieza de espuma recortable roja

Adornos del frente del teatrillo:

- (F) Superior: 1 pieza de espuma recortable marrón
- (G) Inferior: 1 pieza de espuma recortable marrón

Capítulo 2

Títeres de Calcetín

Trompita

Realización:

Trompa:

Para construir la trompa echa pegamento en los cantos de los lados largos de la pieza (C). Luego dóblala por la mitad a lo largo y une los cantos para formar una pieza tubular.

Pega la pieza (B) en el extremo del calcetín y a continuación rodéala con la pieza tubular (C) ya preparada. De este modo se forma la trompa del simpático personaje, como muestra el modelo terminado.

Ojos:

Echa pegamento en los cantos rectos de una de las piezas (E).

Una vez seco el pegamento, une ambos bordes presionando con pequeños pellizcos para formar un cono.
Repite la operación con la otra pieza (E).
Guiándote por el gráfico 2, introduce una esfera de poliespán (D) dentro del cono y fíjala con pegamento.
Repite el procedimiento con la otra esfera.

Ubica los ojos, ya montados, en la parte frontal de la cara.
Pinta las pupilas de ambos ojos con rotulador indeleble negro.

Pelo:
Guiándote por el molde, haz cortes paralelos a 1 cm de distancia en la pieza (F), dejando sin cortar 2 cm en la base.

Una vez que hayas cortado las tiras, extiende pegamento en toda la base y déjalo secar.
Luego comienza a enrollar la pieza sobre sí misma presionando con fuerza la base. De esta manera obtendrás el pelo del títere.

Finalmente, echa pegamento en la base del pelo y adhiérelo al calcetín por detrás de los ojos, como muestran el modelo terminado y el gráfico 1.

Materiales necesarios

- 1 calcetín de algodón verde
- Gomaespuma de 10 mm de grosor amarilla, naranja y roja
- 2 esferas de poliespán de 3 cm de diámetro
- Pegamento universal
- Lápiz y regla
- Tijera

Gráfico 2

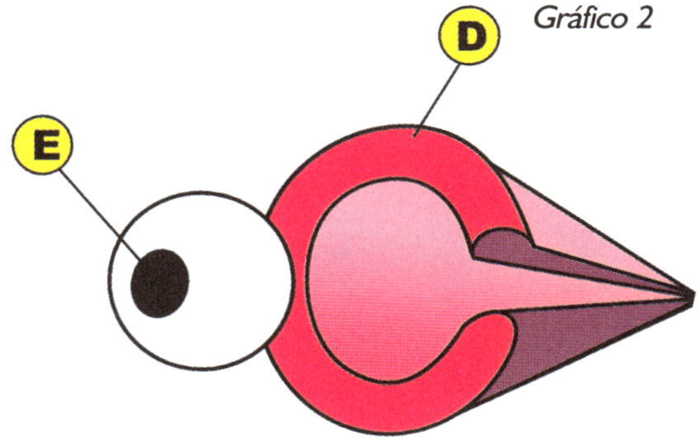

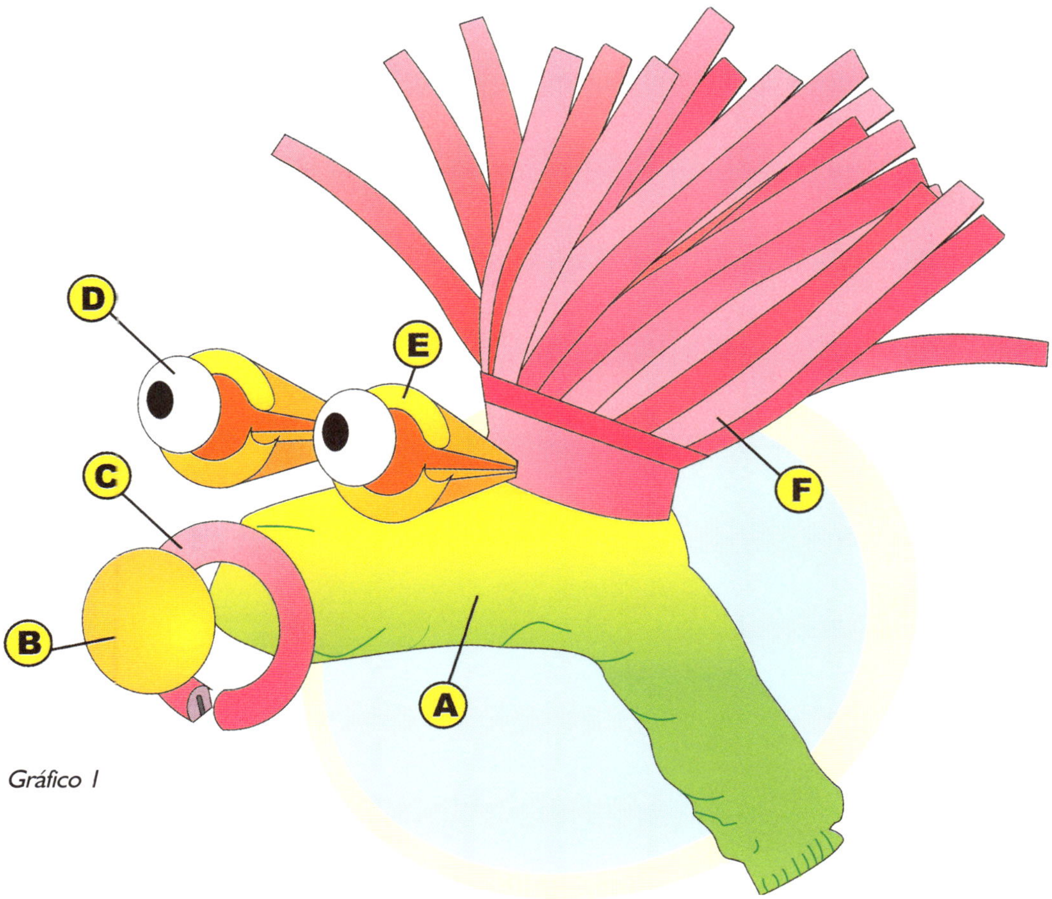

Gráfico 1

Amplía los moldes proporcionalmente tomando como referencia las medidas.

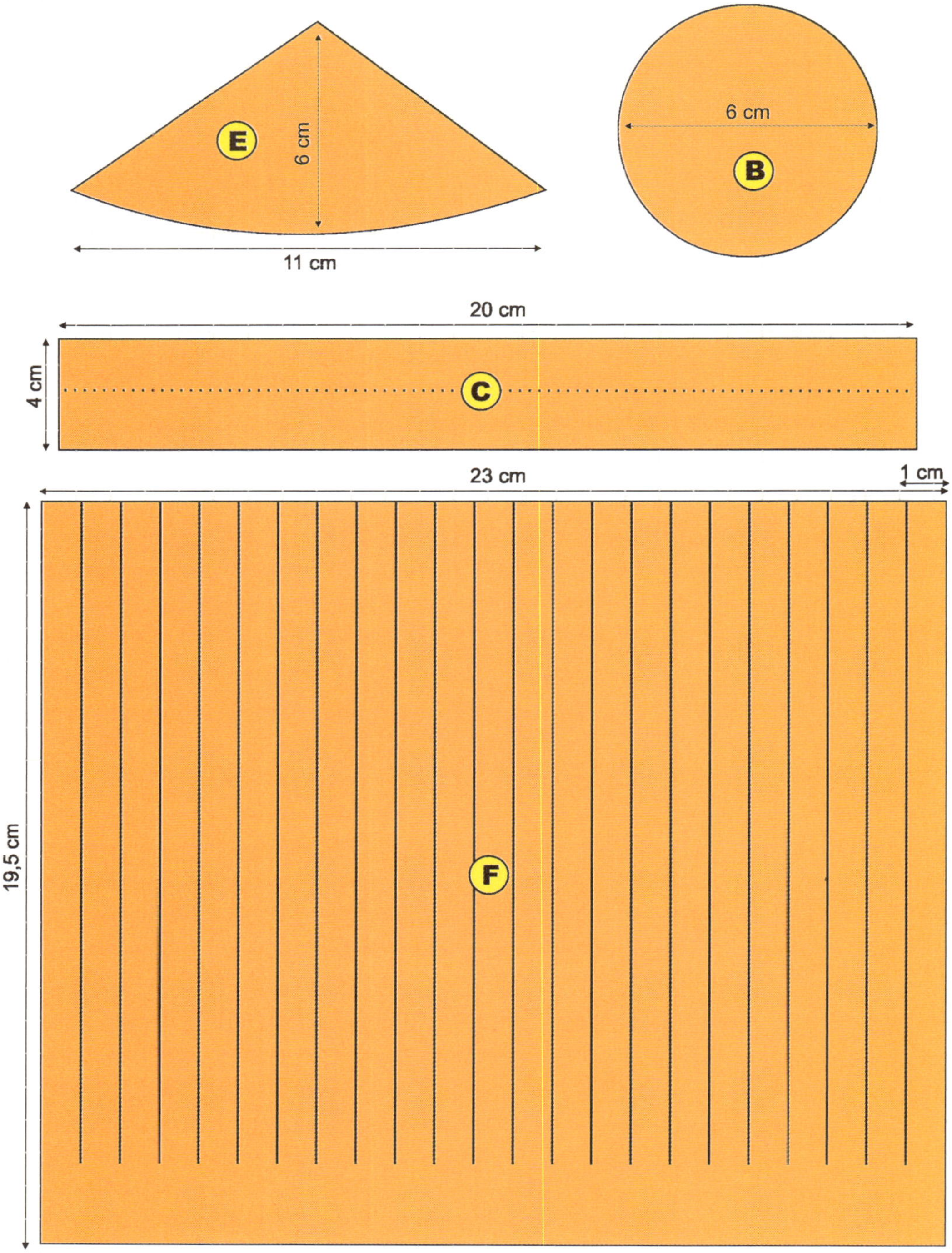

Detalle de las piezas

Corta las piezas en los materiales indicados.

Cuerpo:
(A) 1 calcetín verde

Trompa:
(B) 1 pieza de gomaespuma amarilla
(C) Borde: 1 tira de gomaespuma naranja

Ojos:
(D) 2 esferas de poliespán de 3 cm de diámetro
(E) 2 piezas de gomaespuma amarilla

Pelo:
(F) 1 pieza de gomaespuma roja

Flequillo Loco

Realización:

Antes de comenzar a realizar el títere, corta la puntera del calcetín. Esa abertura servirá para ubicar el pico, formado por las piezas (B) y (C), que permitirán abrir y cerrar la boca del títere.

Pico:
Echa pegamento en el contorno de las piezas (B) y déjalo secar.

Luego aplica pegamento en las dos piezas (B) rojas hasta donde indica la línea punteada del molde.
Une ambas piezas rojas una sobre la otra.

Guiándote por el gráfico 1, une por el contorno las piezas (B) verdes con las rojas previamente unidas.

Unión del pico con el calcetín:
Echa pegamento en el borde de la abertura del calcetín y pégalo en el contorno del pico recién formado.

Borde de unión del pico:
Para lograr un mejor acabado, guiándote por los gráficos 1 y 3, pega sobre la unión la pieza (C) doblada a lo largo.

Materiales necesarios

- Lápiz y regla
- Tijera
- Pegamento universal
- Pintura acrílica o témpera verde
- Rotulador indeleble negro
- 1 media de algodón
- Gomaespuma de 10 mm de grosor roja, verde y violeta
- 2 esferas de poliespán de 4 cm de diámetro
- Hilo de sisal verde

Ojos:
Toma una de las piezas (E) y echa pegamento en los cantos de los lados.
Una vez seco, presiona ambos bordes con pequeños pellizcos para que se adhieran formando un cono.

Repite la operación con la otra pieza (E).

Pinta las esferas de poliespán (D) de verde. Guiándote por el gráfico 1, introduce una esfera (D) dentro del cono y fíjala con pegamento. Repite el procedimiento con la otra esfera.

Pega los ojos con pegamento en el frente de la cara. Con rotulador indeleble, pinta las pupilas de ambos ojos.

Flequillo
Para lograr el aspecto tieso del flequillo,guíate por el gráfico 2. Reúne unas hebras de hilo de sisal verde de 15 cm de largo, dóblalas por el medio y átalas en el doblez.

Luego extiende pegamento en todo el canto de una de las piezas de acabado (G) y déjalo secar.
Dóblala por la mitad a lo largo y con pequeños pellizcos une ambos bordes.

Repite la operación con la otra pieza (G).

Echa pegamento sobre la unión de cada una de las piezas (G) y sujeta con ellas el flequillo, colocándolas una sobre la otra, como indican los gráficos 1 y 2.

Por último, echa pegamento en la base del flequillo y adhiérelo en la cabeza del títere, tras la unión de los ojos.

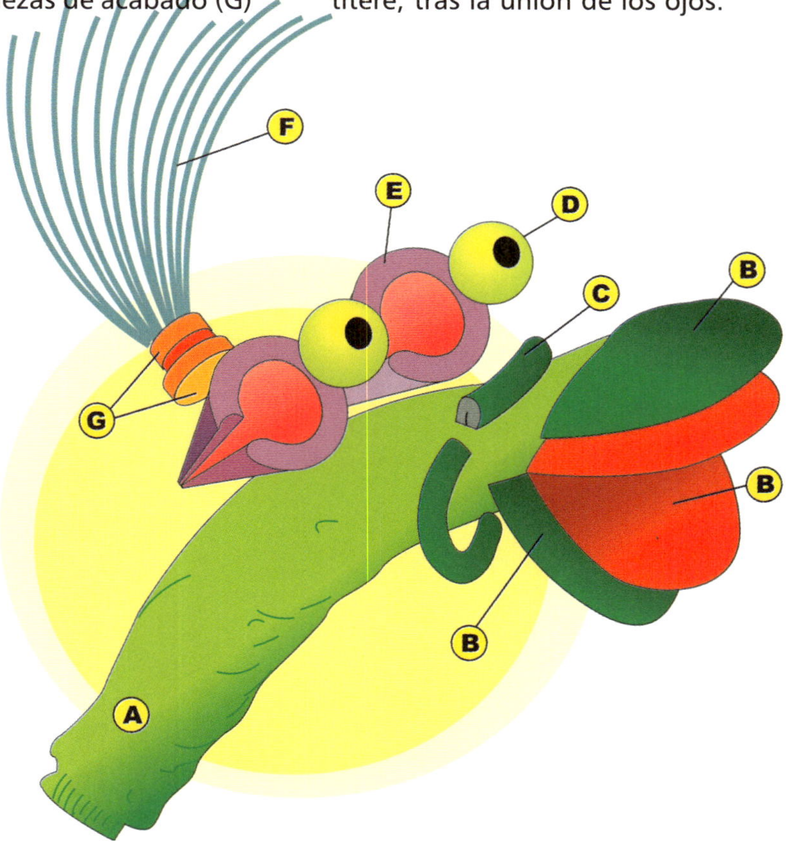

Gráfico 1

Gráfico 2

Peinado del flequillo
Echa agua en un cuenco e introduce el flequillo del títere.

Pídele a mamá un rulo y dos o tres pinzas para el pelo, o clips.

Enrolla los hilos en el rulo hacia adelante sujetándolos con las pinzas y déjalos secar.

Una vez que retires el rulo habrás obtenido el coqueto flequillo del títere.

Moldes

Amplía los moldes proporcionalmente tomando como referencia las medidas.

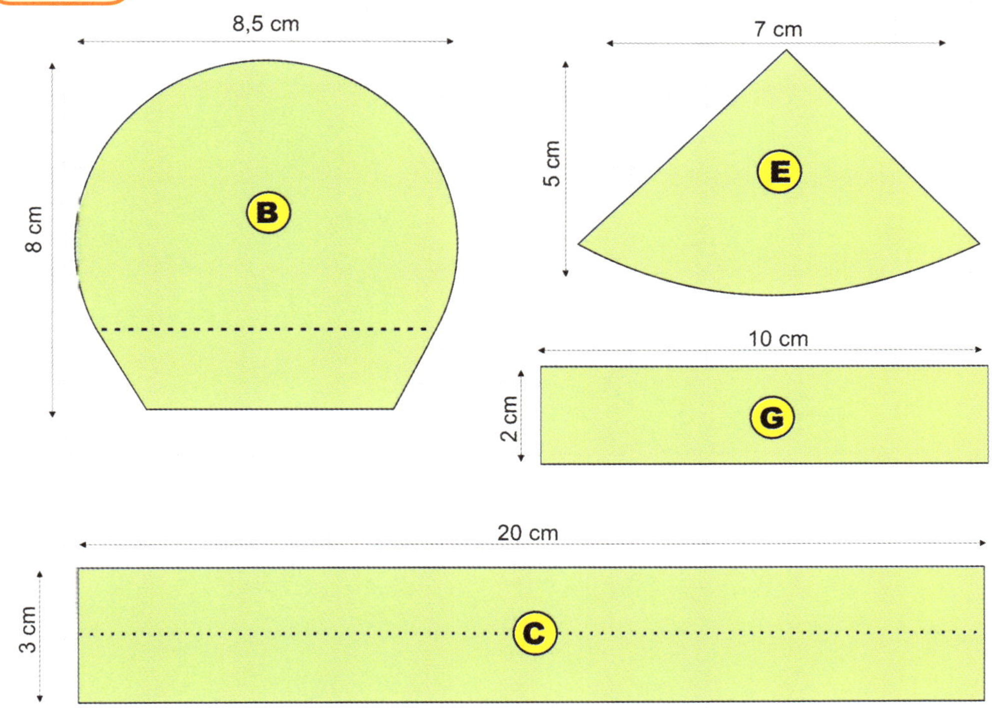

Detalle de las piezas

Corta las piezas en los materiales indicados.

Ⓐ **Cuerpo:** 1 calcetín de algodón

Pico:
Ⓑ Pico: 2 piezas de gomaespuma verde y 2 de gomaespuma roja
Ⓒ Acabado: 1 tira de gomaespuma verde

Ojos:
Ⓓ 2 esferas de poliespán de 4 cm de diámetro
Ⓔ 2 piezas de gomaespuma violeta

Flequillo:
Ⓕ Hebras de hilo de sisal verde
Ⓖ Pieza de acabado: 2 tiras de gomaespuma verde

Bicho Colorado

Realización:

Boca:

Antes de comenzar a construir el títere, descose la costura de la puntera del calcetín.

Esa abertura servirá para ubicar la pieza (B) que permitirá abrir y cerrar la boca del títere.

Echa pegamento en una de las caras de la pieza (B), luego dóblala por la mitad y pégala dentro de la abertura del calcetín, formando el interior de la boca.

Labios:
Extiende pegamento en los cantos de la pieza (C).
Una vez seco el pegamento, dóblala por la mitad a lo largo y une los cantos formando una pieza tubular.

Guiándote por el gráfico 1, pega sobre la unión de la abertura de la boca uno de los labios y recorta el excedente en las comisuras.

Repite el procedimiento con el labio inferior. Echa pegamento en las comisuras de la boca y adhiere ambos labios para que, al mover el títere, no se separen.

Ojos:
Echa pegamento en los cantos largos de una de las piezas (E), dóblala por la mitad a lo largo y pega ambos cantos.
Pega la pieza tubular resultante (E) alrededor de la esfera de poliespán (D) y recorta el excedente, formando así el ojo.
Repite el procedimiento con el otro ojo.

Fija los ojos con pegamento en la parte frontal de la cara. Por último, pinta las pupilas de ambos ojos con rotulador indeleble negro.

Materiales necesarios

- 1 calcetín de algodón a rayas rojas y negras
- Lana roja
- Gomaespuma roja, verde y amarilla de 10 mm de grosor
- 2 esferas de poliespán de 3 cm de diámetro
- Pegamento universal
- Lápiz y regla
- Tijera
- Rotulador indeleble negro

Pelo:
Guiándote por el gráfico 2, haz una madeja de lana roja de aproximadamente 25 cm de largo.
Luego átala por el medio con un trozo de lana del mismo color y corta los extremos.

Echa pegamento en el centro de la cabeza del títere, tras los ojos, y adhiere la lana, que será el pelo.

Una vez que el pegamento se haya secado, recorta el excedente de lana para dar forma a la cabellera.

Gráfico 1

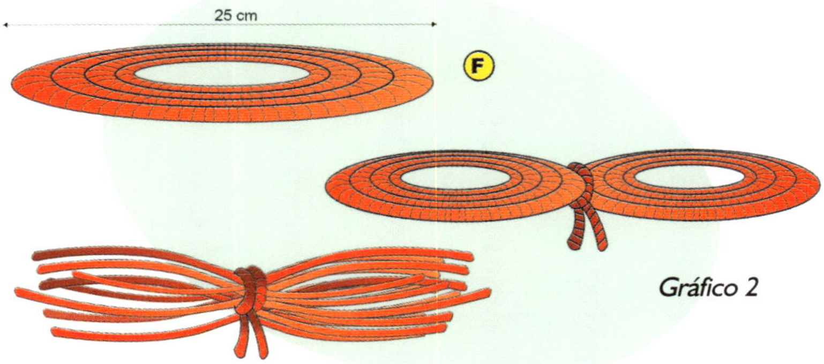

Gráfico 2

Moldes

Amplía los moldes proporcionalmente tomando como referencia las medidas.

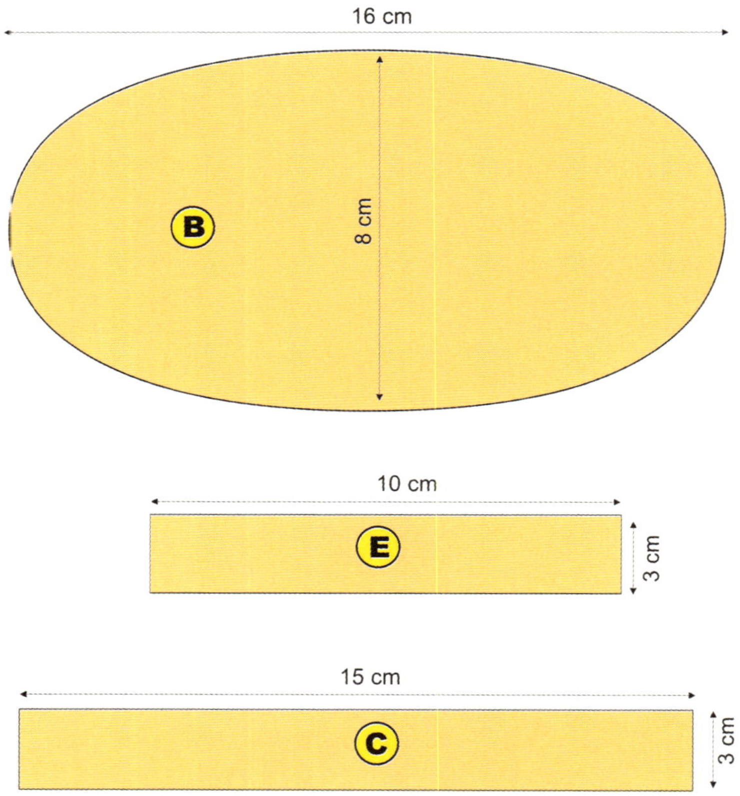

Detalle de las piezas

Corta las piezas en los materiales indicados.

Cuerpo:
(A) 1 calcetín

Boca:
(B) Boca: 1 pieza de gomaespuma amarilla
(C) Labios: 2 tiras de gomaespuma roja

Ojos:
(D) 2 esferas de poliespán de 3 cm de diámetro
(E) 2 piezas de gomaespuma verde
(F) Pelo: lana roja

Rizos

Realización:

Antes de comenzar a construir el títere, corta la punta del calcetín. Esa abertura servirá para ubicar el pico, formado por las piezas (B) y (C), y permitirá abrirlo y cerrarlo.

Pico:
Echa pegamento en el canto de las piezas (B) y (C) y déjalo secar.
Guiándote por el gráfico 1, dobla por la mitad la pieza (B).

Haz coincidir una de las piezas (C) sobre la pieza (B) y adhiérela presionando con pequeños pellizcos.

Repite la operación ubicando la otra pieza (C) en la parte inferior de la (B) y presionando nuevamente hasta adherirla.

Unión del pico con el calcetín:
Echa pegamento en el borde de la abertura del calcetín y pégalo al contorno del pico recién formado.

Borde de unión del pico:
Para ocultar la unión del calcetín y el pico, guiándote por el gráfico 1, pega sobre él la tira de acabado (E) y recorta lo que sobre.

Si quieres conseguir una mejor terminación, coloca una tira (E) en el pico como puedes ver en el modelo terminado.

Ojos:
Haz los ojos siguiendo las explicaciones del modelo anterior (pág. 43).

Pelo:
Para hacer el pelo rizado del títere, guíate por el gráfico 2.

Comienza cortando una tira de gomaespuma de 10 cm de ancho y con la longitud de la placa de gomaespuma (H).
Extiende pegamento en uno de los bordes de la tira.

Luego dóblala por la mitad a lo largo, haciendo coincidir ambos bordes, y presiona firmemente para lograr que queden adheridos (Fig. 1).

Con la tijera, haz cortes dejando 1 cm de distancia entre ellos, cuidando de que en la base quede un borde de 1 cm sin cortar, como se muestra en los moldes.

Echa pegamento en ese borde y enrolla la pieza en forma de espiral (Fig. 2).
De esta manera tendrás la mitad de la cabellera rizada.

Materiales necesarios

- Lápiz y regla
- Tijera
- Pegamento de contacto
- Rotulador indeleble negro
- 1 calcetín de algodón a rayas
- Gomaespuma de 10 mm de grosor roja, verde y violeta
- Gomaespuma de 5 mm de grosor color violeta
- 2 esferas de poliespán de 3 cm de diámetro

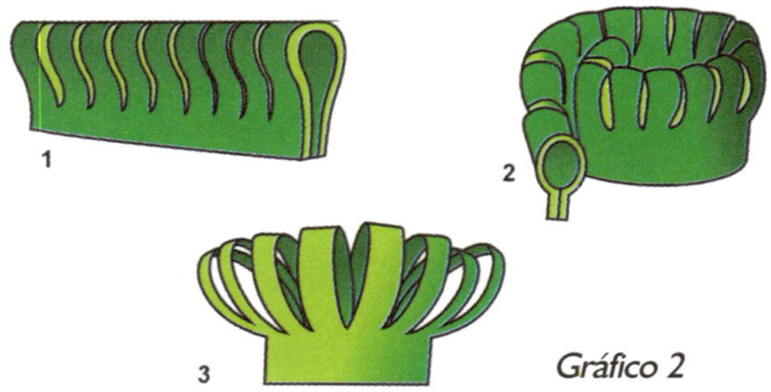

Gráfico 2

Prepara la otra pieza (H) repitiendo el procedimiento. Finalmente, pega ambas en la cabeza del títere.

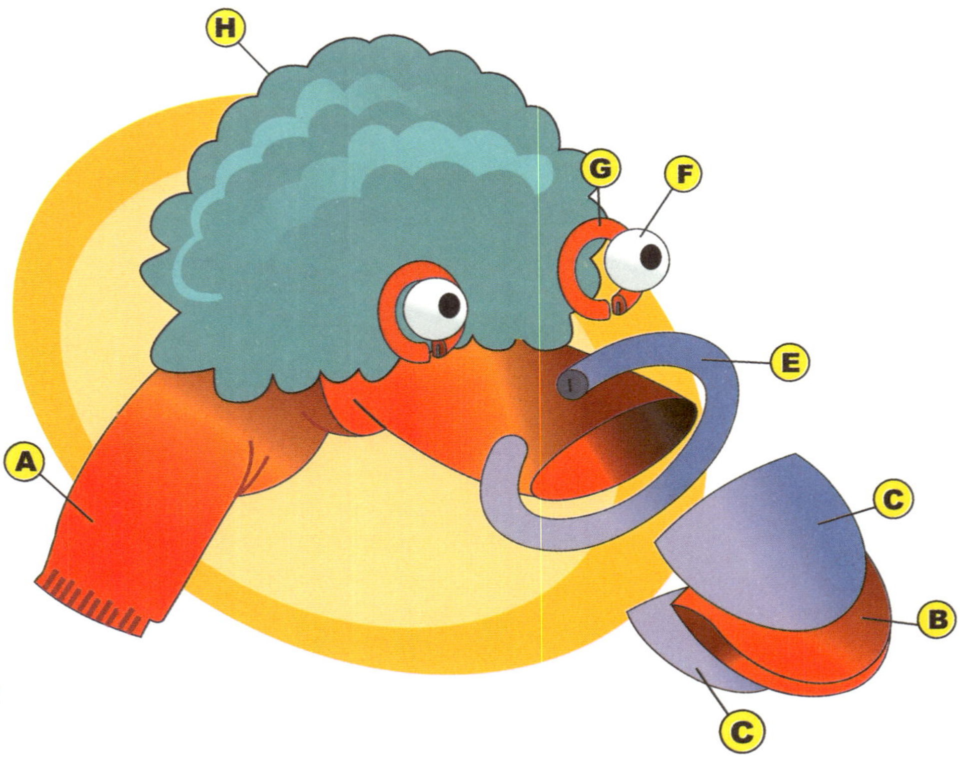

Gráfico I

Moldes

Amplía los moldes proporcionalmente tomando como referencia las medidas.

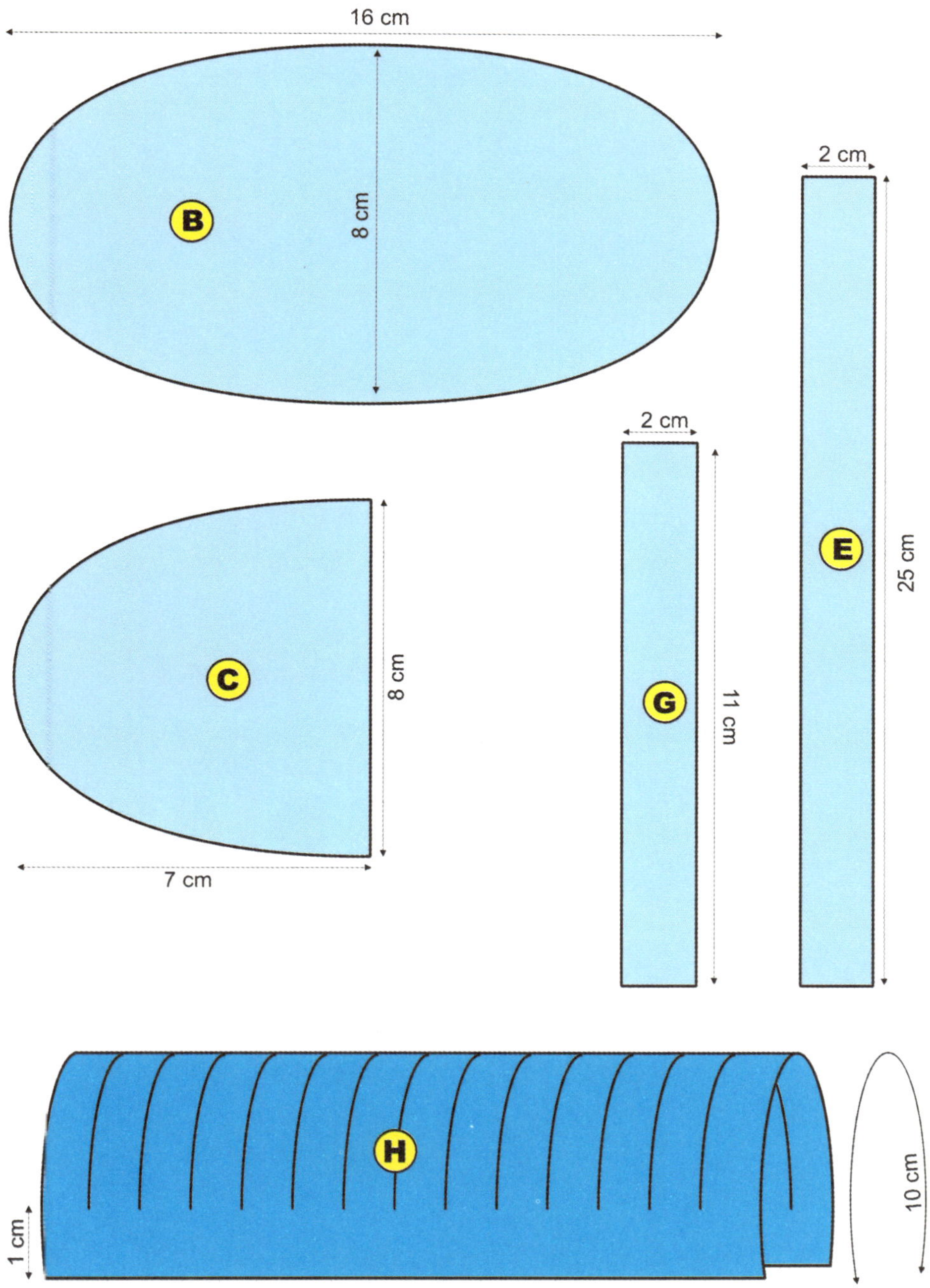

Detalle de las piezas

Corta las piezas en los materiales indicados.

Cuerpo:

Ⓐ 1 calcetín

Pico:

Ⓑ 1 pieza de gomaespuma roja

Ⓒ 2 piezas de gomaespuma violeta

Ⓔ Pieza de unión entre el pico y el calcetín: 1 tira de gomaespuma violeta

Ojos:

Ⓕ 2 esferas de poliespán de 3 cm de diámetro

Ⓖ 2 piezas de gomaespuma roja

Pelo:

Ⓗ 2 piezas de gomaespuma verde

Capítulo 3

Títeres Sorpresa

El Payaso Bromista

Entra y sale de su escondite

Importante

Los materiales se enumeran a modo de sugerencia y para que sepas cuáles se han utilizado en el modelo, pero tú puedes usar los que tengas en casa. Por ejemplo: para hacer el vestido del payaso puedes usar un calcetín de algodón de color vivo; corta los extremos y ya tendrás preparada la base del vestido.

Materiales necesarios

- Cúter
- Lápiz y regla
- Tijera
- 1 varilla de madera de 40 cm de largo
- 1 esfera de poliespán de 5 cm de diámetro
- 1 esfera de poliespán de 1 cm de diámetro
- 1 cuadrado de media de nailon blanca de 10 cm
- Lana amarilla
- Tela verde claro y verde manzana
- 1 calcetín de algodón azul turquesa
- 1 botella de plástico de 15 cm de altura aproximadamente
- Aguja e hilo verde
- Pegamento universal
- Rotuladores indelebles rojo y negro
- Trozos de papeles o de telas de colores
- 20 cm de cinta verde manzana

Realización:

Base del títere:
Antes de hacer el títere es conveniente que prepares la botella de plástico que servirá de base al payasito.

Con una tijera, corta el cuello y la base de la botella como indica el gráfico 1. Forra con un trozo de tela o cinta adhesiva la parte cortada del cuello, para alisar el borde.

Gráfico 1

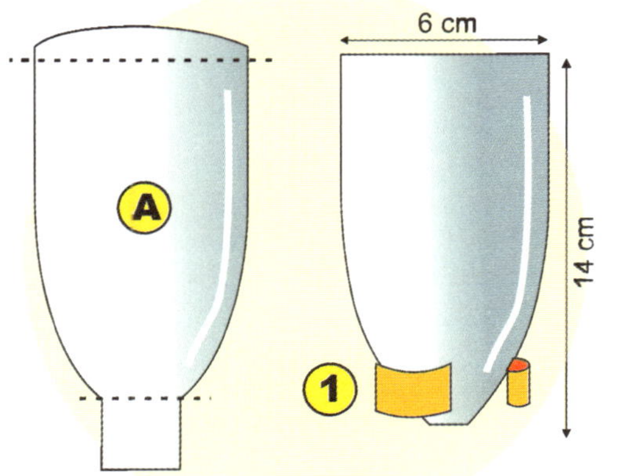

Decoración de la botella:
Corta círculos y óvalos en papeles o telas de colores y pégalos alrededor de la botella.

Títere
Cabeza:
Para hacer la cabeza del payasito introduce la varilla (B) dentro de la esfera (C).

Luego forra la esfera con la media de nailon y átala en la unión con la varilla.

Cara:
Pinta con rotulador rojo la esfera de poliespán (F) y adhiérela en el lugar que corresponde a la nariz. Dibuja luego la boca y los ojos con un rotulador indeleble como se muestra en el gráfico 4.

Gráfico 2

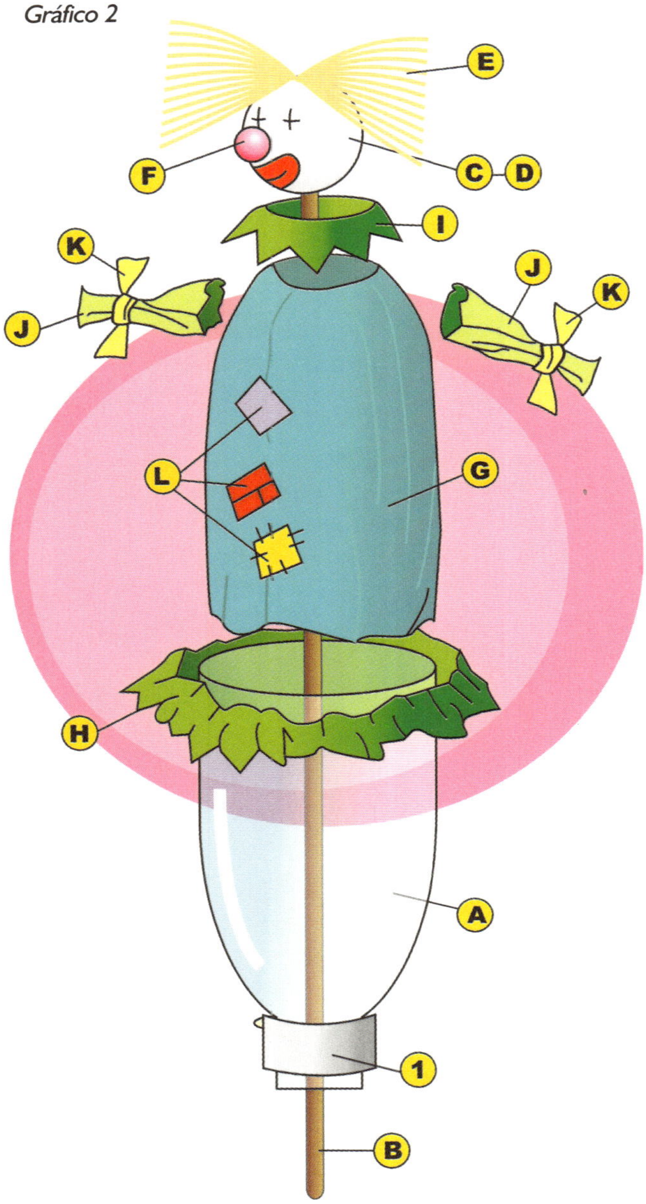

Pelo:
Corta hebras de lana amarilla de 20 cm y átalas por el medio. Pégalas en el centro de la cabeza siguiendo el gráfico 4.

Vestido:
Para hacer el vestido del payaso puedes usar un calcetín de algodón de color vivo. En este caso, corta el extremo inferior del calcetín como muestra el gráfico 3 y ya tendrás el vestido.

Haz dos pequeños cortes de 1 cm a 5 cm del extremo superior de la pieza (G); servirán para colocar las mangas.

Mangas:
Dobla por la mitad, a lo largo, una de las piezas (J) y pega los lados. Luego ata la cinta verde (K) a 2 cm del borde de la manga.
Haz la otra manga de la misma manera.

Gráfico 3

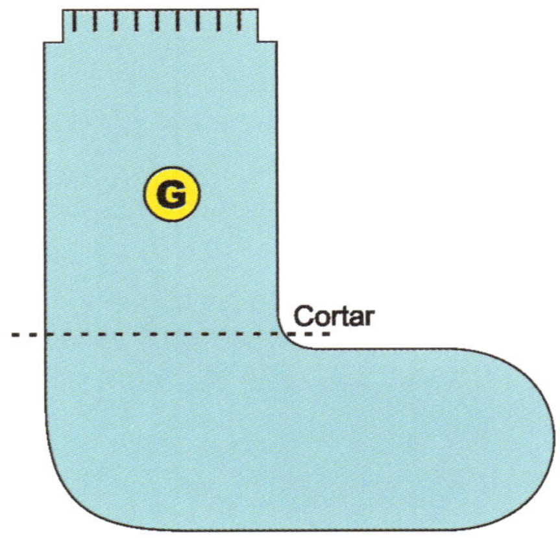

Detalle de las piezas

Corta las piezas en los materiales indicados.

Base:
- (A) Botella de plástico
- (B) Sostén del títere: 1 varilla de madera de 40 cm de largo

Cabeza:
- (C) 1 esfera de poliespán de 5 cm de diámetro
- (D) 1 cuadrado de media de nailon blanca
- (E) Pelo: lana amarilla
- (F) Nariz: 1 esfera de poliespán de 1 cm de diámetro
- (G) Vestido: 1 calcetín de algodón azul turquesa
- (H) Volante de la falda: 1 pieza de tela verde
- (I) Volante del cuello: 1 pieza de tela verde
- (J) Mangas: 2 piezas de tela verde manzana
- (K) Cintas: 2 trozos de cinta verde manzana de 10 cm de largo
- (L) Remiendos: 3 cuadraditos de telas de colores

Para colocar las mangas en el vestido solamente tienes que echar pegamento en las dos aberturas e introducirlas; presiona para que queden bien adheridas.

Volantes:
Haz un hilván en uno de los lados largos de la pieza (H). Frúncela hasta que tenga la medida del bajo del vestido y pégala en el borde inferior de este.

Realiza la misma operación con la pieza que corresponde al cuello (I) y, una vez fruncida, pégala en la parte superior del vestido. Ten la precaución de que quede una abertura de 1 cm para poder introducir la varilla que sostiene la cabeza del payasito.

Remiendos:
Finalmente, pega remiendos (L) en la parte delantera del vestido.

Montaje:
Introduce la varilla dentro de la botella. Echa pegamento en el borde de la botella y adhiere el vuelo del vestido para unir definitivamente el conjunto.

Moldes

Amplía los moldes proporcionalmente tomando como referencia las medidas.

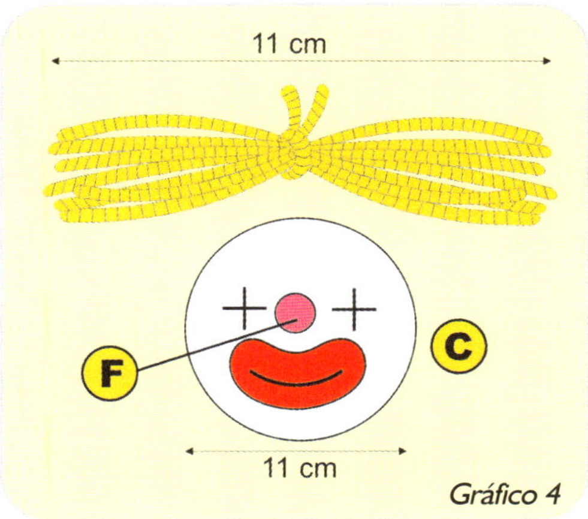

Gráfico 4

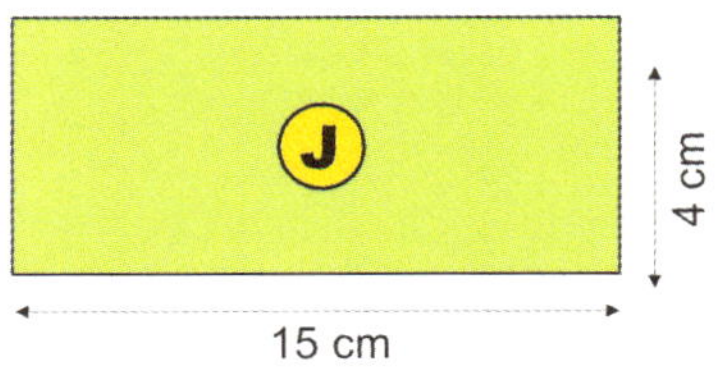

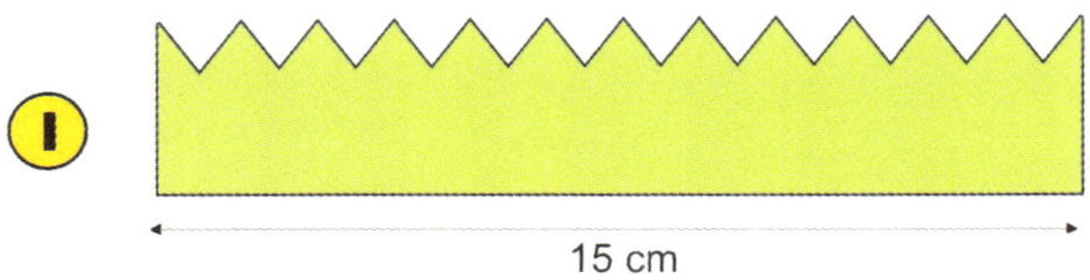

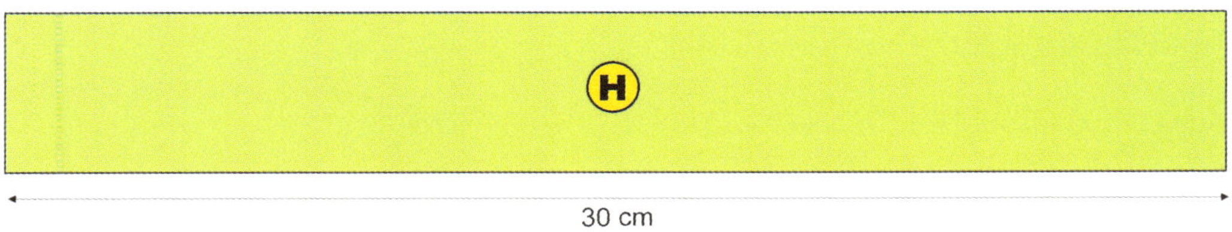

El Ángel de la Guarda

Realización:

Base:

Comienza perforando el vaso de plástico en el centro de la base.

A continuación, forra con tela el vaso, que contendrá el cuerpo del títere.

Apoya el vaso sobre el revés de la tela, cuidando que quede bien centrado. Marca el contorno, teniendo en cuenta que la tela debe sobresalir 5 cm del vaso, tanto por arriba como por abajo, ya que esos centímetros que sobran servirán para rematar la base. Una vez tomada la medida, corta la tela.

Rodea con la tela el contorno del vaso y une los extremos con pegamento. Pega con cola lo que sobra por dentro y en la base.

OPCIÓN:
Para forrar el vaso de plástico, puedes utilizar tela o bien papel crepé, o cualquier otro de distinta textura.

Títere
Cabeza:
Para hacer la cabeza del ángel, en primer lugar, introduce la varilla (B) dentro de la esfera (C).

Luego, forra la esfera con el cuadrado de media de nailon y átala en la unión de la esfera con la varilla.

Corta hebras de lana blanca de 20 cm, átalas por el medio y pégalas en el centro de la cabeza.

Cara:
Pega las cuentas (E) en la cara y, con colorete, pinta las mejillas. Luego, con rotulador negro, dibuja boca y nariz.

Coronita:
Pega los extremos del cordón plateado (J) y colócalo en el centro de la cabeza.

Vestido:
Pega un lado de la pieza (G), que corresponde al vestido, desde el bajo hasta el puño. Repite la operación con el otro lado.

Frunce los puños y ata en cada uno un trcito de cinta amarilla(I) para lograr un bonito acabado.

Cuello:
Frunce la cinta (H) con un hilván para hacer un volante. Deja una pequeña abertura para introducir la varilla con la cabeza.

Materiales necesarios

- Lápiz y regla
- Cúter
- Tijera
- Rotulador negro indeleble y colorete
- 1 varilla de madera de 50 cm de largo
- 1 esfera de poliespán de 5 cm de diámetro
- 1 cuadrado de media de nailon blanca de 10 cm
- Lana blanca
- Tela plateada
- 10 cm de cinta amarilla de 3 cm de ancho
- 16 cm de cinta amarilla estrecha
- 10 cm de cordón plateado
- Seda u otra tela blanca
- Tul blanco
- Tela rosa fuerte
- 1 vaso de plástico grande
- Aguja e hilo blanco
- Pegamento universal
- Cola vinílica y pincel
- 2 cuentas negras pequeñas

Pega el tul (M) al vestido y encima el volante del cuello, haciendo coincidir las aberturas del frunce.

Introduce luego la varilla por la abertura y adhiere la cabeza al volante.

Alas:
Enfrenta las alas (K) por el derecho de la tela y cose el contorno; deja libres 2 cm para poder dar la vuelta a la costura.

Vuelve la costura del derecho y pega las alas en la espalda del vestido.

Varita mágica:
Pega la estrella (L) en un extremo del alambre y sujétalo a uno de los puños del vestido.

Montaje
Echa pegamento en el interior del borde del vaso ya forrado (A).

Introduce la varilla con el títere y adhiere el vuelo del vestido al borde del vaso.

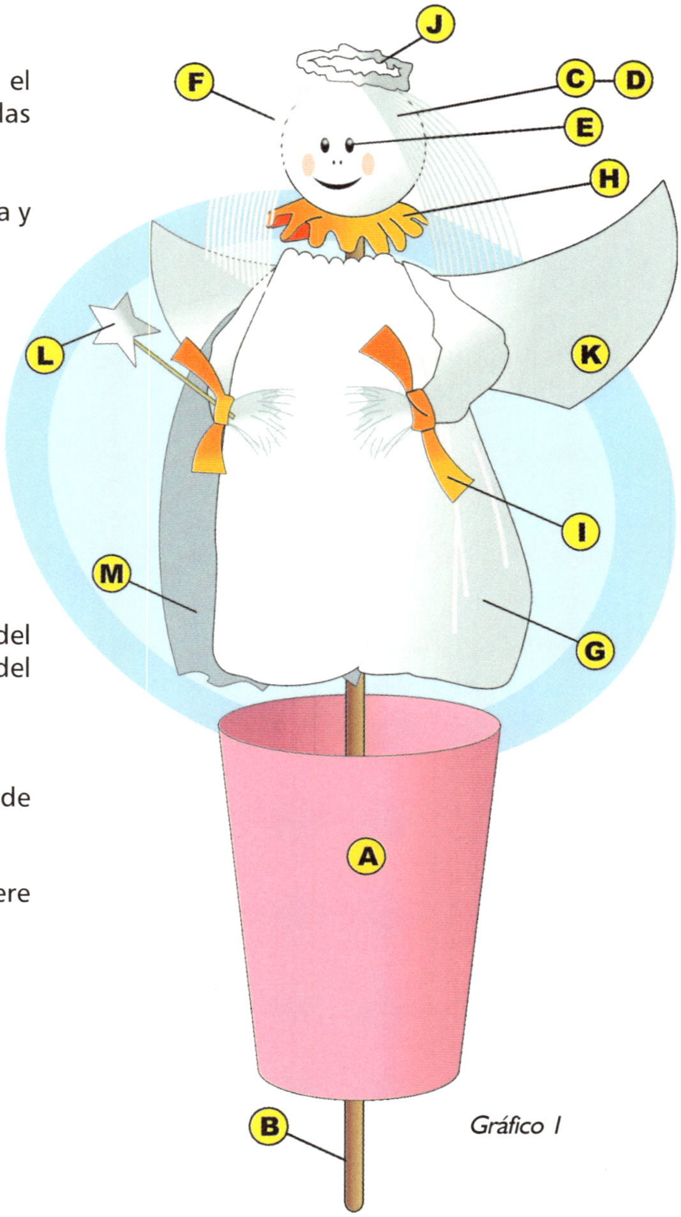

Gráfico I

Detalle de las piezas

Corta las piezas en los materiales indicados.

Cono:
- (A) Vaso: 1 vaso de plástico
  Forro: 1 rectángulo de tela rosa
- (B) Sostén del títere: 1 varilla de madera de 50 cm de largo

Cabeza:
- (C) 1 esfera de poliespán de 5 cm de diámetro
- (D) 1 cuadrado de media de nailon blanca
- (E) Ojos: 2 cuentas negras
- (F) Pelo: lana blanca
- (G) Vestido: 1 pieza de seda blanca
- (H) Volante del cuello: 10 cm de cinta amarilla de 3 cm de ancho
- (I) Puños: cinta estrecha de 16 cm de largo
- (J) Aura: 10 cm de cordón plateado
- (K) Alas: 2 piezas de tela plateada
- (L) Varita mágica: 5 cm de alambre plateado y una estrella plateada
- (M) Tul: 1 pieza de tul blanco de 15 x 8 cm

Amplía los moldes proporcionalmente tomando como referencia las medidas.

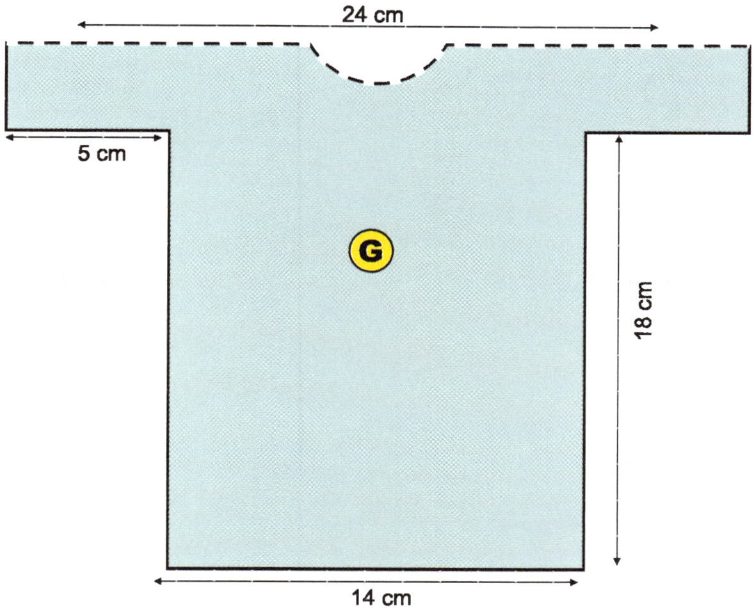

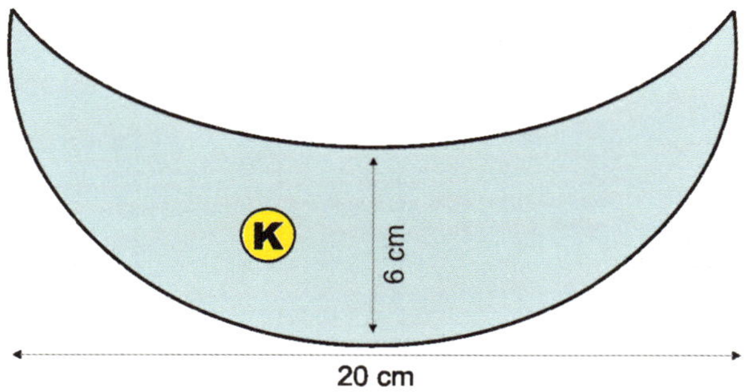

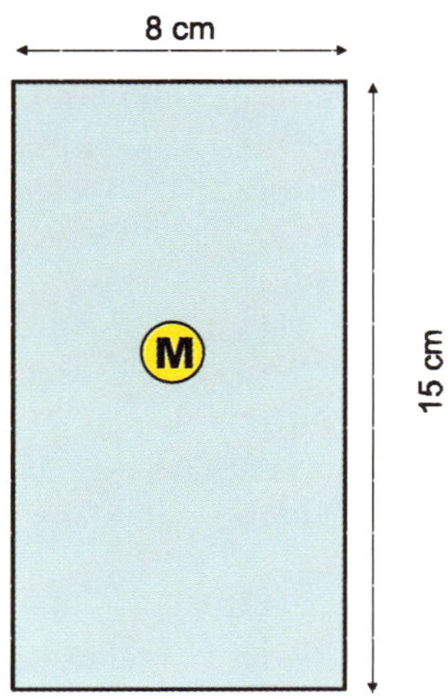

La Princesa Ludmila

Realización:

Cono:

En primer lugar, fabrica el cono que contendrá el títere.

Echa pegamento en los laterales de la pieza de cartón (A) para formar el cono. Une luego los laterales y asegura bien la unión con una grapadora.

Forrado del cono:

Con un pincel, extiende cola vinílica sobre toda la superficie del cono.

A continuación, superpón la pieza de papel (A) haciendo coincidir los bordes laterales, pero ten en cuenta que el papel debe sobresalir 3 cm del cartón, tanto por arriba como por abajo, ya que esos centímetros sobrantes servirán para rematar el cono.

Materiales necesarios

- Cúter
- Lápiz y regla
- Tijera
- Rotulador indeleble negro y colorete
- 1 varilla de madera de 50 cm de largo
- 1 esfera de poliespán de 5 cm de diámetro
- 1 cuadrado de media de nailon blanca de 10 cm
- Lana blanca
- Seda u otra tela rosada
- 2 esferas de madera pequeñas
- Cartón de 3 mm de grosor
- Aguja e hilo rosa
- Pegamento universal
- Cola vinílica
- Pincel
- 2 cuentas negras pequeñas

Para adherir ambos materiales, presiona suavemente por toda la superficie para evitar que queden burbujas de aire o zonas sin pegar.

Luego dobla el sobrante de papel, superior e inferior, hacia el interior del cono para lograr una buena terminación.

OPCIÓN:
Para forrar el cono puedes utilizar tela o papel crepé, o de otro tipo, con distinta textura, logrando de esa manera que cada títere tenga un aspecto diferente.

Títere
Cabeza:
Para hacer la cabeza de la princesa introduce la varilla (B) dentro de la esfera (C). Luego forra la esfera con el cuadrado de media de nailon y ata la media en la unión de la esfera con la varilla.

Pelo:
Guiándote por el gráfico 1, haz una madeja de lana blanca de aproximadamente 25 cm de largo. Luego átala por el medio con un trozo de la misma lana y corta los extremos.

Echa pegamento en el centro de la cabeza del títere y adhiere las hebras de lana.

Cara:
Pega las cuentas (E) a modo de ojos en la cara y, con colorete, pinta las mejillas.

Corona:
Pega los extremos de la corona (I) y sujétala con pegamento en el centro de la cabeza.

Vestido:
Cose o pega un lado de la pieza (G), que corresponde al vestido, desde el bajo hasta el puño. Repite la operación con el otro lado.

Frunce los puños y adhiere en cada uno una esfera de madera (H), que imitarán las manos.

Cuello:
Frunce el cuello dejando una pequeña abertura que permita introducir la varilla con la cabeza.

Introduce a través del cuello la varilla.

Montaje:
Extiende pegamento en el bajo del vestido y en el borde superior del cono, por dentro.

Finalmente, adhiere el vestido al cono cuidando de que quede bien sujeto por dentro.

Gráfico 1

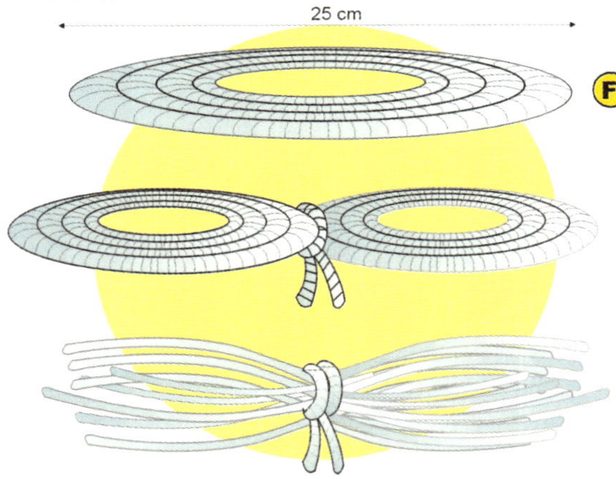

Gráfico 2

Detalle de las piezas

Corta las piezas en los materiales indicados.

Cono:
Ⓐ Cono: 2 piezas: 1 de cartón y otra de papel blanco
Ⓑ Sostén del títere: 1 varilla de madera de 50 cm de largo
Cabeza:
Ⓒ 1 esfera de poliespán de 5 cm de diámetro
Ⓓ 1 cuadrado de media de nailon blanca
Ⓔ Ojos: 2 cuentas negras pequeñas
Ⓕ Pelo: lana blanca
Ⓖ Vestido: 1 pieza de tela rosa
Ⓗ Manos: 2 esferas de madera de 1 cm de diámetro
Ⓘ Corona: 1 pieza de cartón dorado

Moldes

Amplía los moldes proporcionalmente tomando como referencia las medidas.

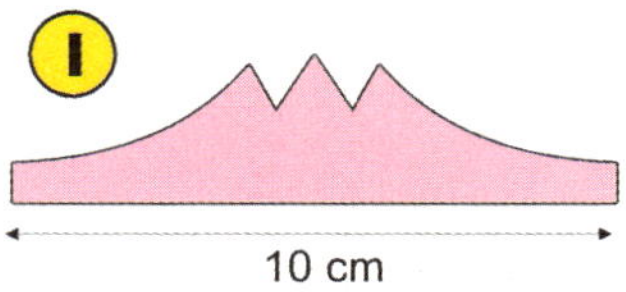

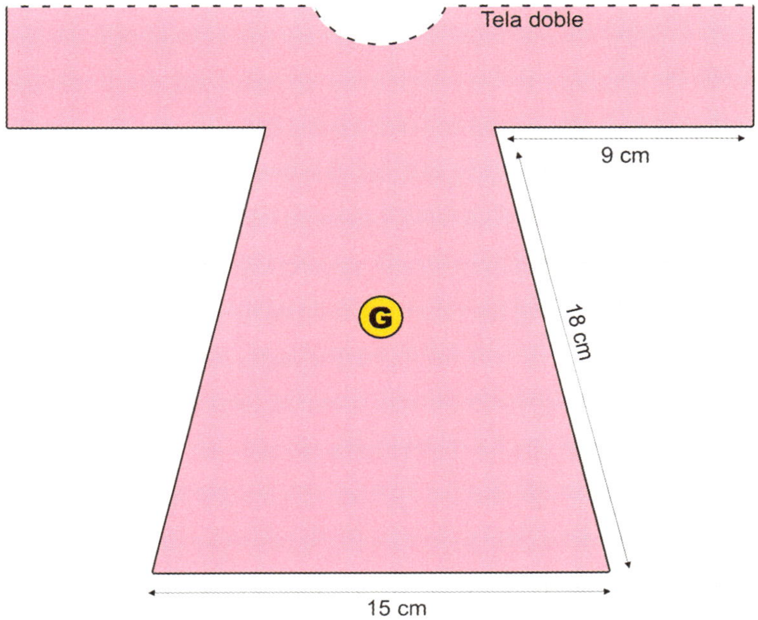

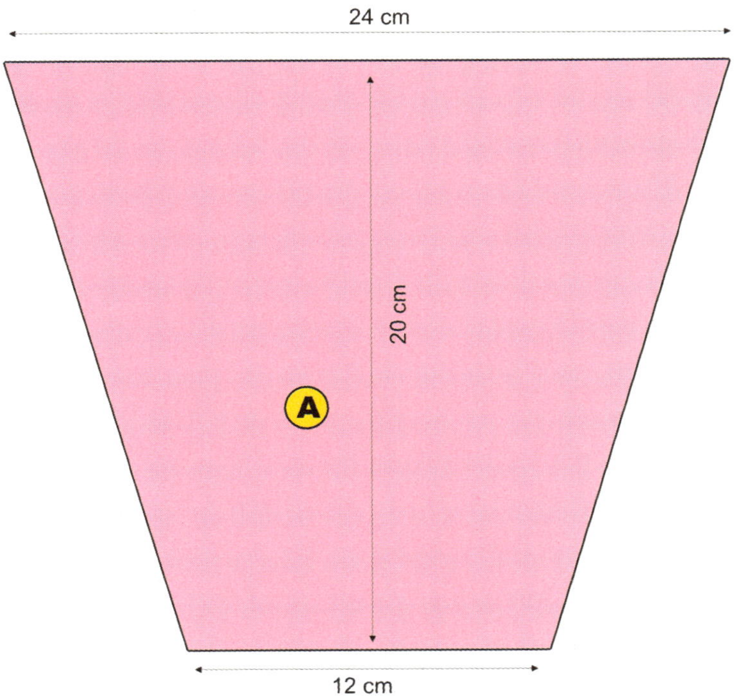

El Príncipe Azul

Realización:

Cono:
En primer lugar, prepara el cono que contendrá el cuerpo del títere.
Extiende pegamento en los laterales de la pieza de cartón (A). Luego forma el cono uniendo los laterales por detrás y asegura la unión con una grapadora.

Forrado del cono:
Con un pincel extiende cola sobre toda la superficie del cono.

A continuación, superpón la pieza de papel (A) sobre el cono haciendo coincidir los bordes laterales, pero ten en cuenta que el papel tiene que sobresalir 3 cm del cartón,

Materiales necesarios

- Cúter y tijera
- Lápiz, regla y colorete
- 2 piezas de madera de 1 cm de diámetro
- 1 varilla de madera de 50 cm de largo
- 1 esfera de poliespán de 5 cm de diámetro
- 1 cuadrado de media de nailon blanca de 10 cm
- Lana blanca
- Tela en dos tonalidades de verde
- Tela dorada
- Cartón de 3 mm de grosor
- Papel dorado
- Aguja e hilo blanco
- Pegamento universal
- Papel crepé azul celeste
- Cola vinílica y pincel
- 2 cuentas negras pequeñas

tanto por arriba como por abajo, ya que gracias a esos centímetros sobrantes quedará bien rematado el cono.

Presiona suavemente toda la superficie del cono para evitar que queden burbujas de aire o zonas sin pegar.

Dobla el papel sobrante, superior e inferior, hacia el interior del cono para lograr un buen acabado.

OPCIÓN:
Para forrar el cono puedes utilizar, por ejemplo, papel crepé, de esa manera lograrás que cada títere tenga un aspecto diferente.

Títere
Cabeza:
Para hacer la cabeza del príncipe introduce la varilla (B) dentro de la esfera (C). Luego forra la esfera con el cuadrado de media de nailon y átalo en la unión de la esfera con la varilla.

A continuación, corta hebras de lana blanca de 20 cm de largo, átalas por el medio y pégalas en el centro de la cabeza.

Luego da forma a la cabellera recortando el largo y el flequillo.

Cara:
Pega las cuentas a modo de ojos (E) y con el colorete pinta las mejillas.

Corona:
Pega los extremos de la corona (I) y sujétala con pegamento en el centro de la cabeza del príncipe.

Túnica:
Cose o pega un lado de la pieza (G), que corresponde a la túnica, desde el bajo hasta el puño.

Repite la operación con el otro lado.

Frunce los puños y adhiere en cada uno de ellos una pieza de madera (H) que simulará las manos.

Cuello:
Frunce el cuello dejando una pequeña abertura que permitirá introducir la varilla con la cabeza.

Introduce la varilla dentro de la túnica.

Capa:
Fija con pegamento la capa (J) alrededor del cuello del títere.

Montaje:
Extiende pegamento en el bajo de la túnica y en el borde superior del cono, por dentro.

Finalmente, adhiere la túnica al cono cuidando de que quede bien sujeta.

Mueve la varilla hacia arriba y hacia abajo para que el príncipe entre y salga del cono.

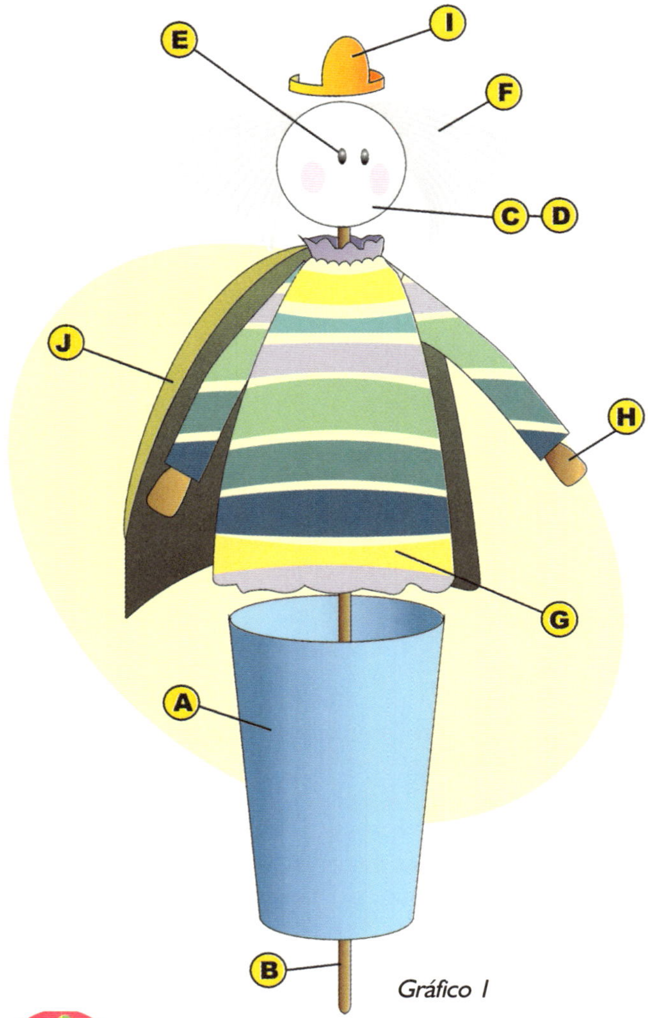

Gráfico I

Detalle de las piezas

Corta las piezas en los materiales indicados.

Cono:
- (A) Cono: 2 piezas: 1 de cartón y 1 de papel azul celeste
- (B) Sostén del títere: 1 varilla de madera de 50 cm de largo

Cabeza:
- (C) 1 esfera de poliespán de 5 cm de diámetro
- (D) 1 cuadrado de media de nailon blanca de 10 cm
- (E) Ojos: 2 cuentas negras pequeñas
- (F) Pelo: lana blanca
- (G) Túnica: 1 pieza de tela en dos tonalidades de verde
- (H) Manos: 2 piezas de madera de 1 cm de diámetro
- (I) Corona: 1 pieza de cartón dorado
- (J) Capa: 1 pieza de tela dorada

Amplía los moldes proporcionalmente tomando como referencia las medidas.

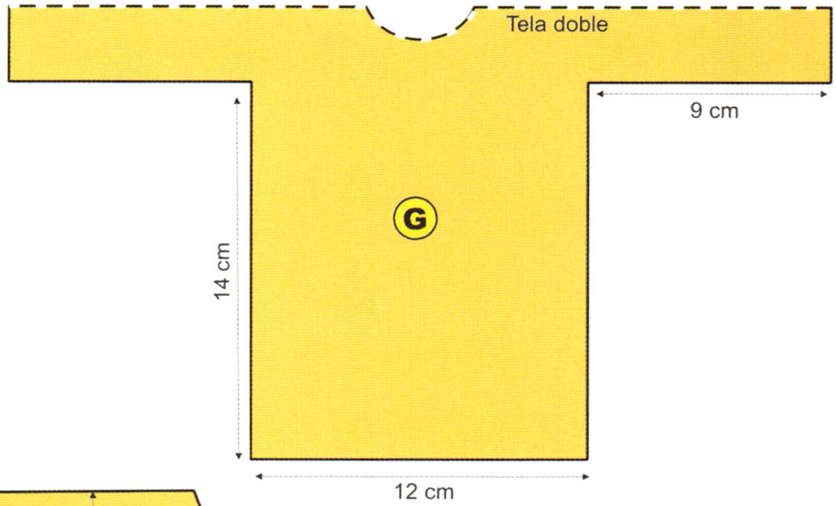

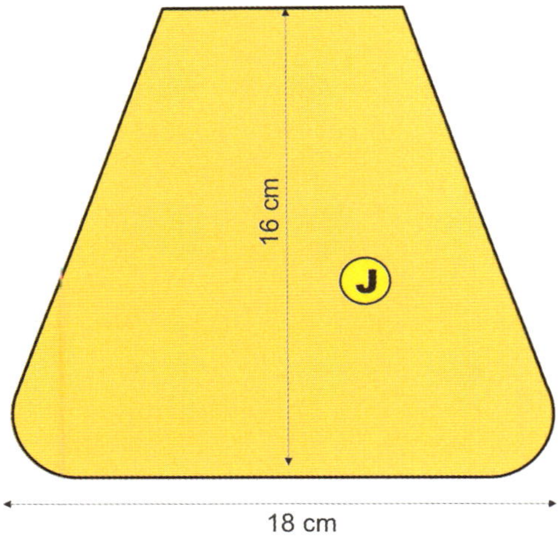

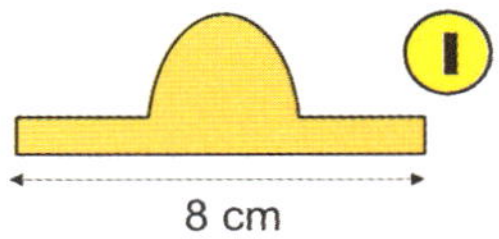

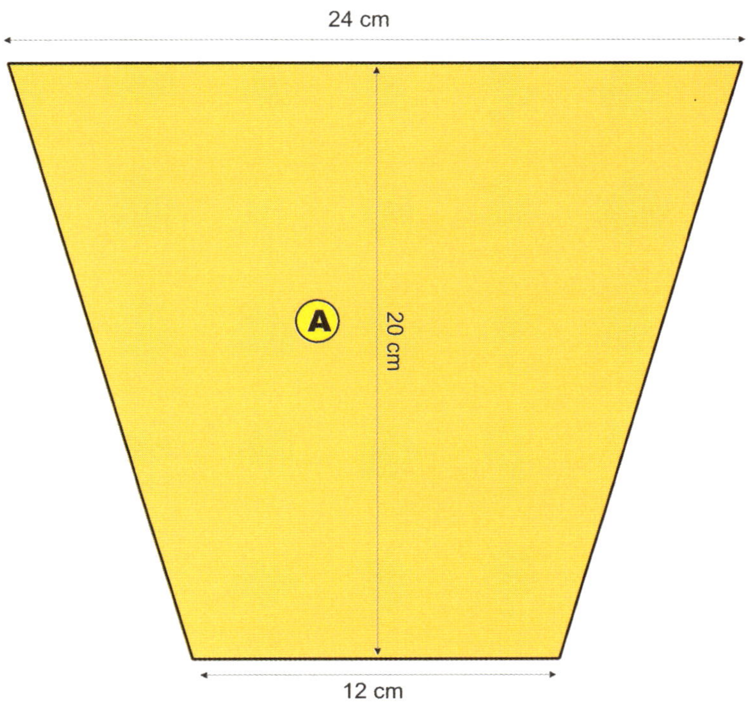

El Indio Plumita

Realización:

Cono:
Comienza armando el cono que contendrá el cuerpo del títere.
Extiende pegamento en los laterales de la pieza de cartón (A). Da forma al cono uniendo los laterales y asegúralo con una grapadora.

Forrado del cono:
Con un pincel, extiende cola sobre toda la superficie del cono.

Luego superpón la pieza de tela (A) sobre el cono haciendo coincidir los bordes laterales. Ten en cuenta que la tela debe sobresalir 3 cm del cartón, tanto por arriba como por abajo, ya que esos centímetros sobrantes servirán para rematar los bordes del cono.

Importante

El vestido del indio tiene cortes verticales que debes realizar antes de empezar con el montaje. Luego, une con pegamento los lados del vestido y las mangas.
Con una aguja de lana e hilo grueso o lana blanca, cose las cruces de adorno.

Materiales necesarios

- Cúter y tijera
- Lápiz y regla
- Rotulador indeleble negro
- 1 varilla de madera de 50 cm de largo
- 1 esfera de poliespán de 5 cm de diámetro
- 1 cuadrado de media de nailon blanca de 10 cm
- Hilo de sisal
- 1 cuenta naranja
- 10 cm de cordón naranja
- 1 pluma naranja
- Tela de color beis
- 1 cuadrado de peluche blanco de 10 cm
- Cartón de 2 mm de grosor
- 2 cuentas negras pequeñas
- Aguja de lana e hilo o lana blanca
- Pegamento universal
- Cola vinílica
- Pincel

Para adherir la tela al cartón, presiona suavemente toda la superficie con el fin de evitar que queden burbujas de aire o zonas sin pegar.

Dobla luego la tela sobrante, de arriba y de abajo, hacia el interior del cono para lograr un buen acabado.

OPCIÓN:
Para forrar el cono puedes utilizar diferentes tipos de telas o papeles, elige la opción que más te agrade.

Decoración:
Enhebra una aguja de lana con lana blanca, o hilo grueso, y haz un pequeño nudo, que servirá de tope.

Introduce la aguja desde el interior del cono y da unas puntadas en forma de cruz en la unión de la tela, como se muestra en el modelo terminado.

Si lo prefieres, puedes pegar algún galón o puntilla en lugar de hacer esta costura.

Títere
Cabeza:
Para hacer la cabeza del títere, introduce la varilla (B) dentro de la esfera (C).

Luego forra la esfera con el cuadrado de media de nailon y ata la media en la unión con la varilla.

Corta trozos de hilo de sisal de 20 cm de largo, átalos por el medio y pégalos en el centro de la cabeza.

Tocado:
Echa pegamento en el interior de la cuenta e introduce la pluma.

Déjala secar y luego, para fijarla a la cabeza, utiliza un alfiler, introduciéndolo en la cuenta desde arriba y fijándolo en la esfera de poliespán.

Rodea con el cordón naranja la cabeza y átalo por detrás.

Cara:
Para lograr los rasgos de la cara puedes optar por bordarlos, como muestra el modelo terminado, o simplemente dibujarlos con rotulador negro. Para simular los ojos, pega 2 pequeñas cuentas negras.

Vestimenta:
Puños:
Pega alrededor de las mangas dos trozos de peluche (L) para lograr un mejor acabado.

Montaje:
Introduce el títere dentro del cono.
Echa pegamento en el borde superior del cono, por dentro, y con mucho cuidado ve adhiriendo el bajo del vestido, verificando que el indio queda bien centrado en el frente del cono.

Por último, echa pegamento en el cuello del vestido y coloca encima la pieza (K) como remate.

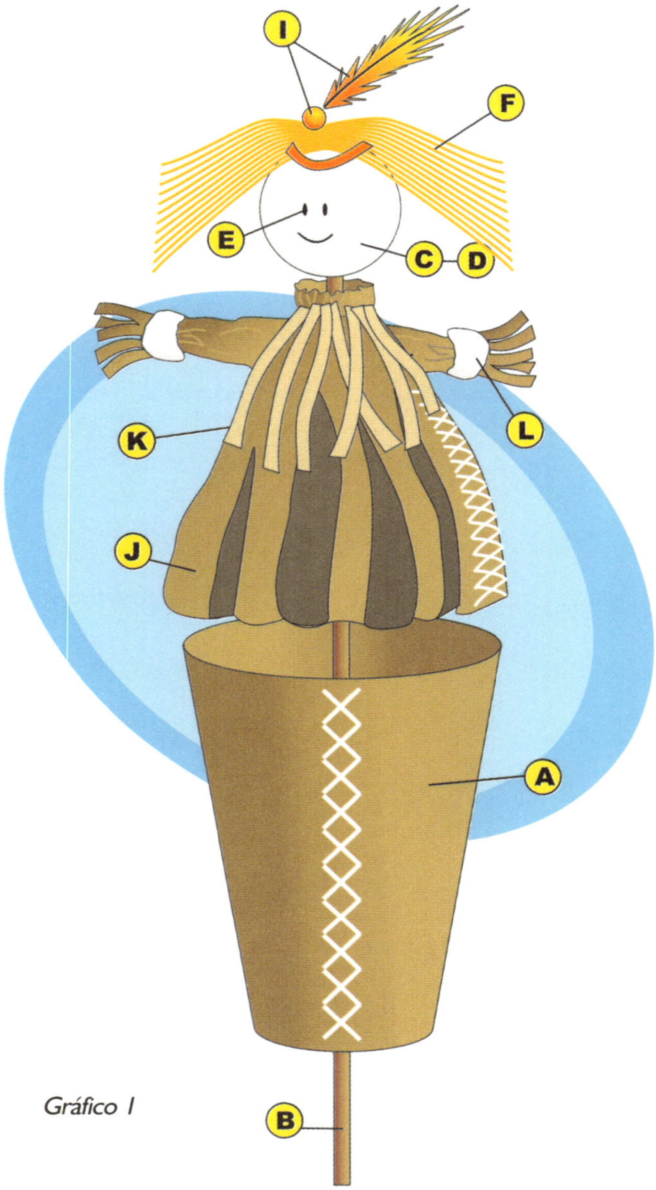

Gráfico I

Detalle de las piezas

Corta las piezas en los materiales indicados.

Cono:
(A) Cono: 2 piezas: 1 de cartón y 1 de tela beis
(B) Sostén del títere: 1 varilla de madera de 50 cm de largo

Cabeza:
(C) 1 esfera de poliespán de 5 cm de diámetro
(D) 1 cuadrado de media de nailon blanca
(E) Ojos: 2 cuentas negras pequeñas
(F) Pelo: hilo de sisal

Tocado:
(G) 10 cm de cordón naranja
(H) 1 cuenta naranja
(I) 1 pluma naranja

Vestimenta:
(J) Vestido: 1 pieza de tela beis
(K) Flecos cuello: 1 pieza de tela beis
(L) Puños: 2 trozos de peluche blanco

Moldes

Amplía los moldes proporcionalmente tomando como referencia las medidas.

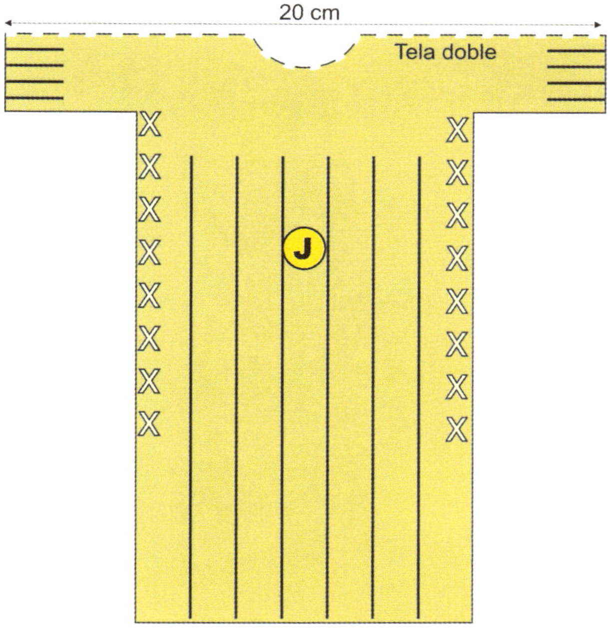

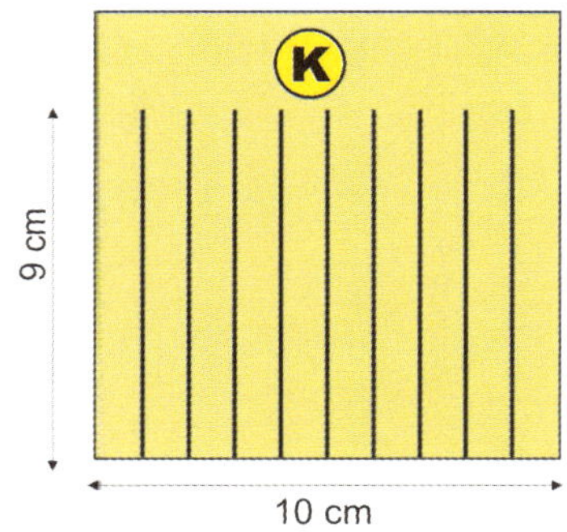

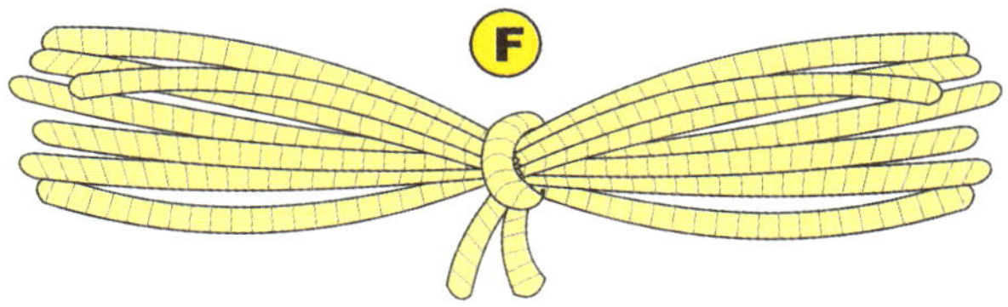

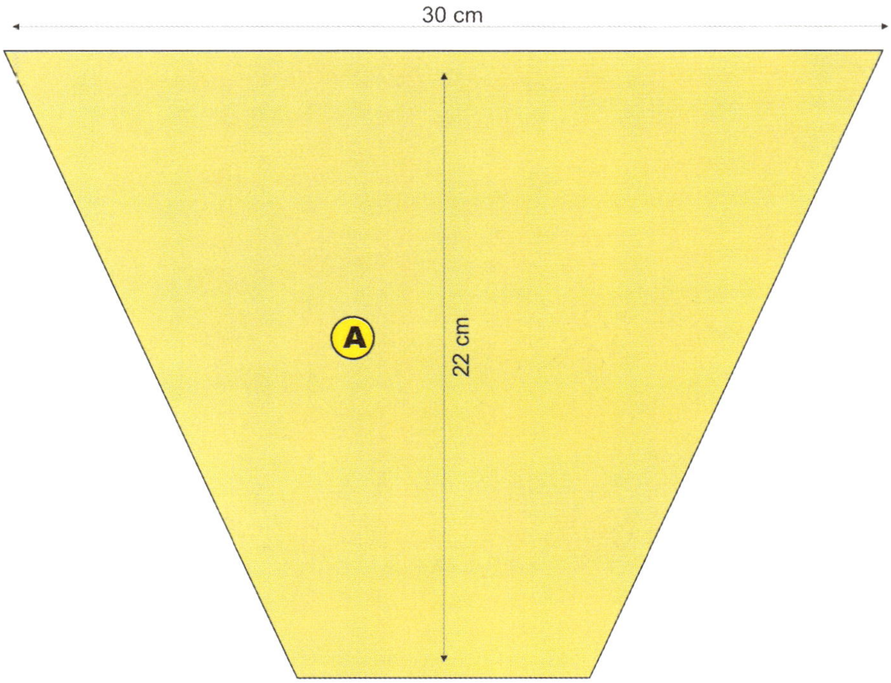

Capítulo 4

Títeres de Varilla

El Rey Mateo

Realización:

Cabeza:

Coloca la esfera que será la cabeza en el centro del cuadrado de media de nailon. Estira las cuatro puntas de la tela y átala firmemente, de manera que la media quede totalmente adherida a la esfera.

Recorta lo que sobra de la media e introduce la varilla hasta lograr que la cabeza quede firme.

Con los rotuladores indelebles, dibuja los ojos, el bigote y la boca como puedes ver en el modelo terminado.

Pelo:
Corta hebras de lana de 10 cm de largo y átalas con una de ellas por el medio.

Repite la operación con otro atadito de lana. Pégalos luego con pegamento a ambos lados de la cabeza.

Corona:
Pega los extremos de la corona (D) y fíjala a la cabeza.

Pega la gema amarilla (E) en el centro de la corona.

Vestimenta:
Enfrenta ambas piezas (F) por el derecho y cose o pega las uniones.

Da la vuelta a la prenda y pega los puños (G) y el adorno del borde inferior de la túnica (H).

Viste al títere con la túnica y pega las manos (C) dentro de los puños de las mangas.

Pega la varilla (B), que permitirá dar movimiento al títere, en el dorso de una de las manos.

Cetro:
Guiándote por el modelo terminado, arma el cetro pegando ambas varillas (N) entre sí y adhiere luego en un extremo la pieza de madera (Ñ).

Pega los dos círculos (M) a ambos lados de las varillas.

Pinta el cetro con pintura dorada, déjalo secar y pégalo luego en la otra mano del rey.

Montaje:
Por último, pega la gema (I) en el cuello de la túnica y ata la capa alrededor del cuello del títere con un trozo de cordón.

Materiales necesarios

- Lápiz y regla
- Tijera
- Pegamento universal
- 1 esfera de poliespán de 10 cm de diámetro
- 1 cuadrado de media de nailon beis de 15 cm
- Hilo blanco o beis
- Rotuladores indelebles negro y rojo
- 30 cm de tela verde
- 30 cm de tela azul
- 10 cm de espuma recortable (foamy) beis
- 20 cm de cartón dorado
- 2 gemas amarillas
- 1 círculo de madera de 3 cm de diámetro
- 4 palillos de brochetas o 4 varillas de madera de 20 cm de largo
- Lana azul

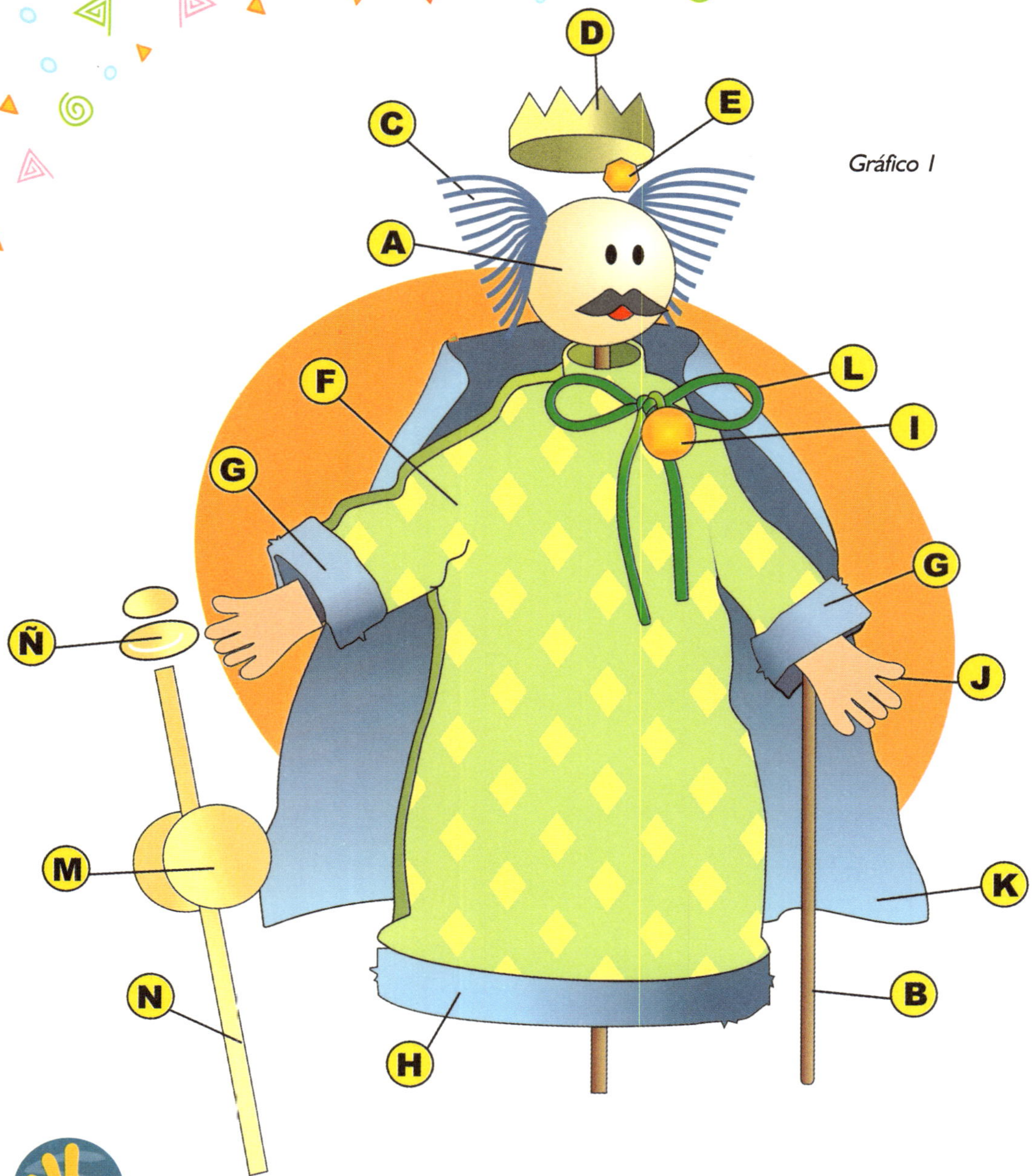

Detalle de las piezas

Corta las piezas en los materiales indicados.

Cabeza:
- Ⓐ 1 esfera de poliespán de 10 cm de diámetro
- Ⓑ Sostén del títere y de una mano: 2 varillas de madera
- Ⓒ Pelo: lana azul

Corona:
- Ⓓ 1 pieza de cartón dorado
- Ⓔ 1 gema amarilla

Vestimenta:
- Ⓕ Túnica: 2 piezas de tela verde
- Ⓖ Puños: 2 piezas de tela azul
- Ⓗ Borde de la túnica: 1 pieza de tela azul
- Ⓘ Adorno de la túnica: 1 gema amarilla
- Ⓙ Manos: 2 piezas de espuma (foamy) beis
- Ⓚ Capa: 1 pieza de tela azul
- Ⓛ Lazada: cordón verde

Cetro:
- Ⓜ 2 círculos de cartón dorado
- Ⓝ 2 palillos de brocheta
- Ñ 1 pieza de madera de 3 cm de diámetro

Amplía los moldes proporcionalmente tomando como referencia las medidas.

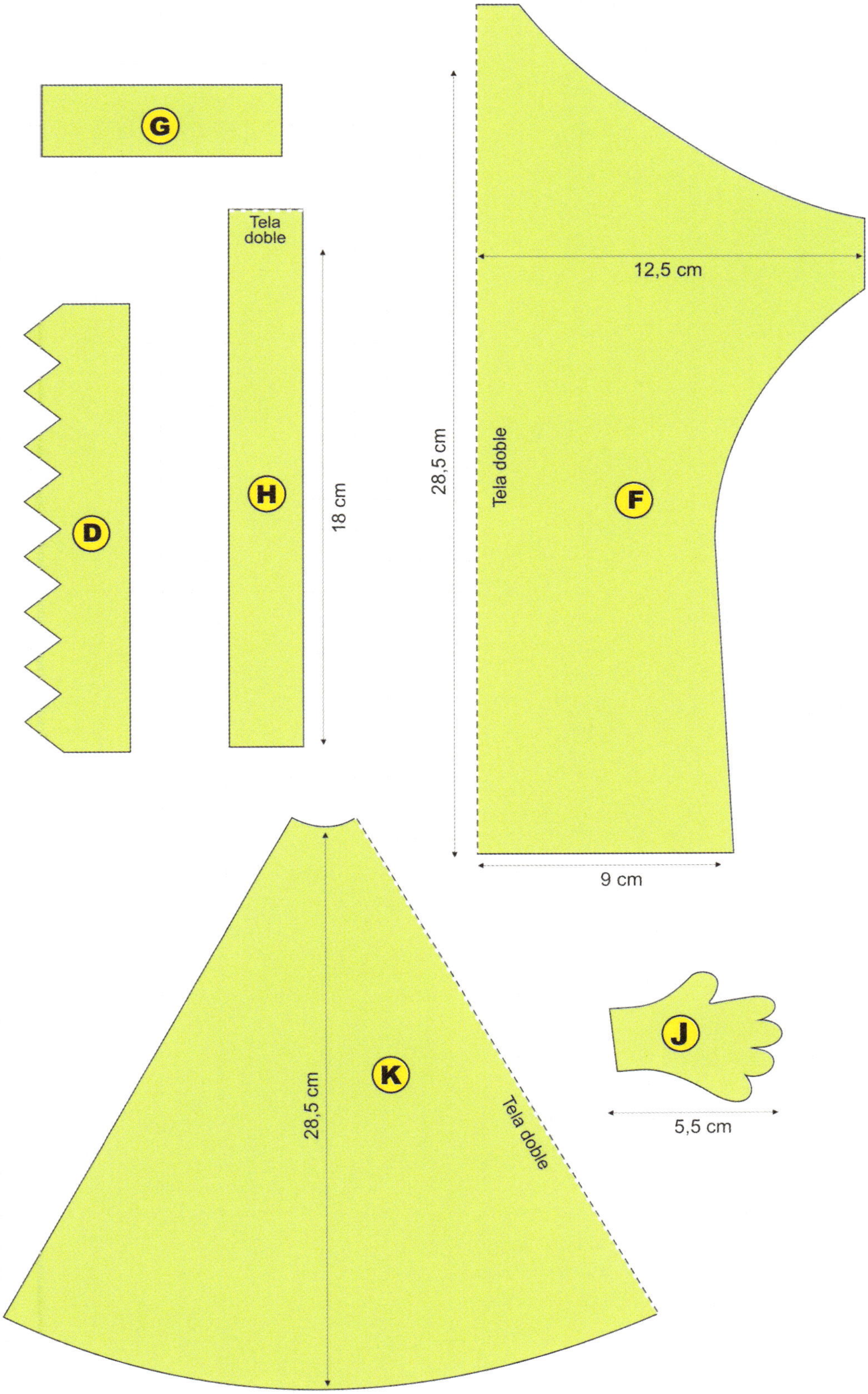

La Reina Alexandra

Realización:

Cabeza:

Centra la esfera en el cuadrado de media de nailon.

Junta las cuatro puntas y átalas firmemente, de manera que la media quede totalmente adherida a la esfera de poliespán.

Recorta lo que sobra de la media e introduce la varilla (J) hasta lograr que la cabeza quede firme.

Con los rotuladores indelebles, dibuja los ojos y la boca como puedes ver en el modelo terminado.

Corta hebras de lana de 20 cm de largo y átalas por el medio. A continuación, pégalas en el centro de la cabeza.

Peina la lana y átala por detrás de la cabeza con una hebra de la propia lana para formar una coleta.

Pendientes:
Pega un par de perlas (C) a ambos lados de la cara, sobre el pelo.

Corona:
Pega la pieza de cartón dorado (D) en el centro de la puntilla (E).

Finalmente, ubica la corona centrada en la frente del títere y pega los extremos de la puntilla por detrás de la cabeza.

Vestido:
Enfrenta ambas piezas (F) por el derecho y cose o pega los lados. Luego cose el dobladillo del bajo.

Da la vuelta a la prenda para que las costuras queden por dentro y viste al títere.

Pega las manos en el interior de ambos puños del vestido.

Para dar un toque elegante al vestido, pega las piezas de peluche blanco en el cuello (G) y en los puños (H).

Finalmente, fija con pegamento la varilla (J) en el dorso de una de las manos, lo que permitirá dar movimiento al títere.

Collar:
Realiza el collar enhebrando las perlas en un hilo de nailon y átalo por detrás de la cabeza del títere.

Materiales necesarios

- Lápiz, regla y tijera
- Pegamento universal
- 1 esfera de poliespán de 10 cm de diámetro
- 1 cuadrado de media de nailon beis de 15 cm
- Hilo blanco o beis
- Rotuladores indelebles negro y rojo
- 30 cm de tela blanca
- 10 cm de espuma recortable (foamy) beis
- 2 palillos de brocheta o 2 varillas de madera de 20 cm de largo
- Lana naranja
- 10 cm de peluche blanco
- Perlitas blancas
- 5 cm de puntilla blanca
- 5 cm de cartón o cartulina dorada

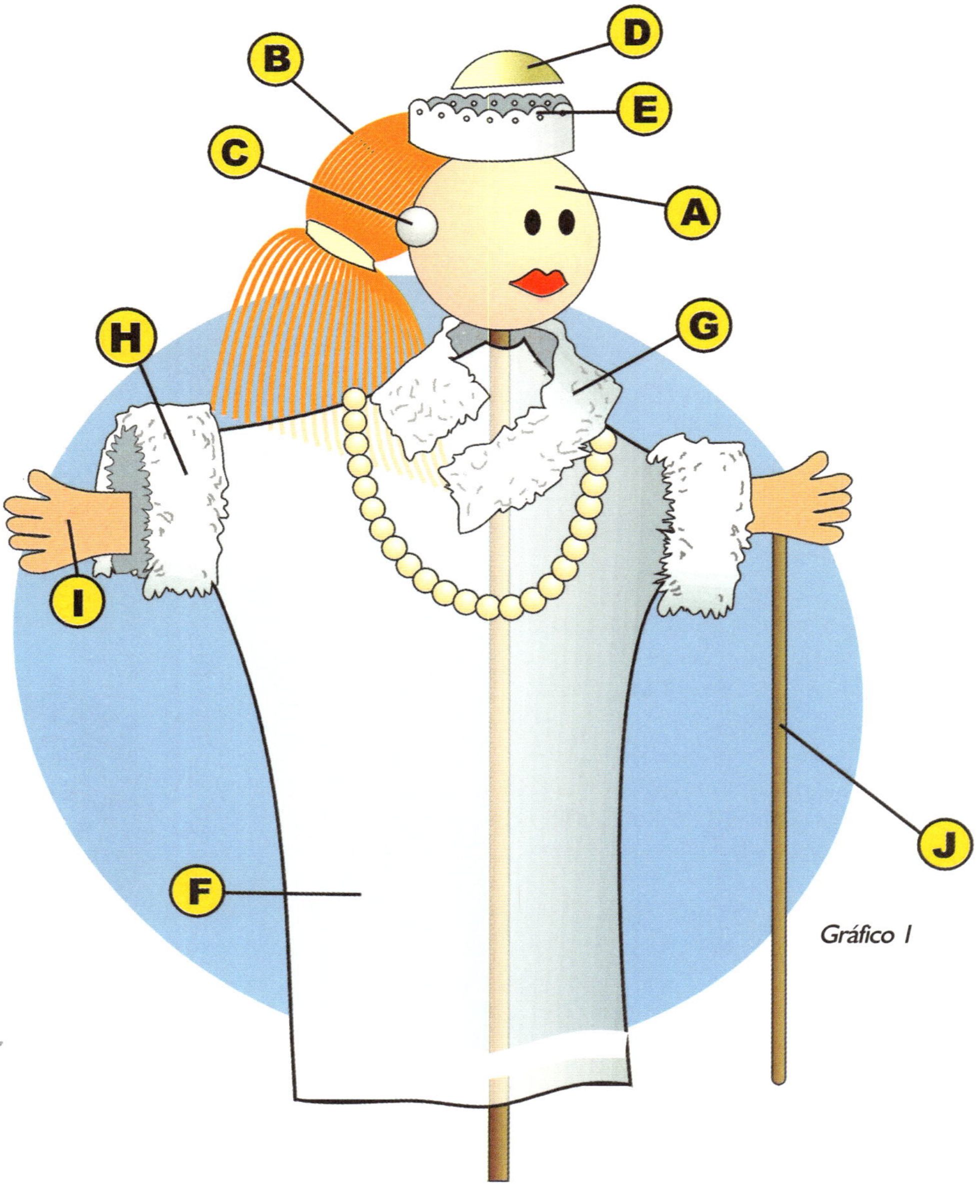

Gráfico I

Detalle de las piezas

Corta las piezas en los materiales indicados.

Ⓐ Cabeza: 1 esfera de poliespán y un cuadrado de nailon
Ⓑ Pelo: lana naranja
Ⓒ Pendientes: 2 perlas blancas

Corona:
Ⓓ 1 pieza de cartón dorado
Ⓔ 1 pieza de puntilla blanca

Vestido:
Ⓕ Vestido: 2 piezas de tela blanca
Ⓖ Cuello: 1 pieza de peluche blanco
Ⓗ Puños: 2 piezas de peluche blanco

Ⓘ Manos: 2 piezas de espuma (foamy) beis
Ⓙ Sostén del títere y de una mano: 2 varillas de madera de 20 cm de largo

Amplía los moldes proporcionalmente tomando como referencia las medidas.

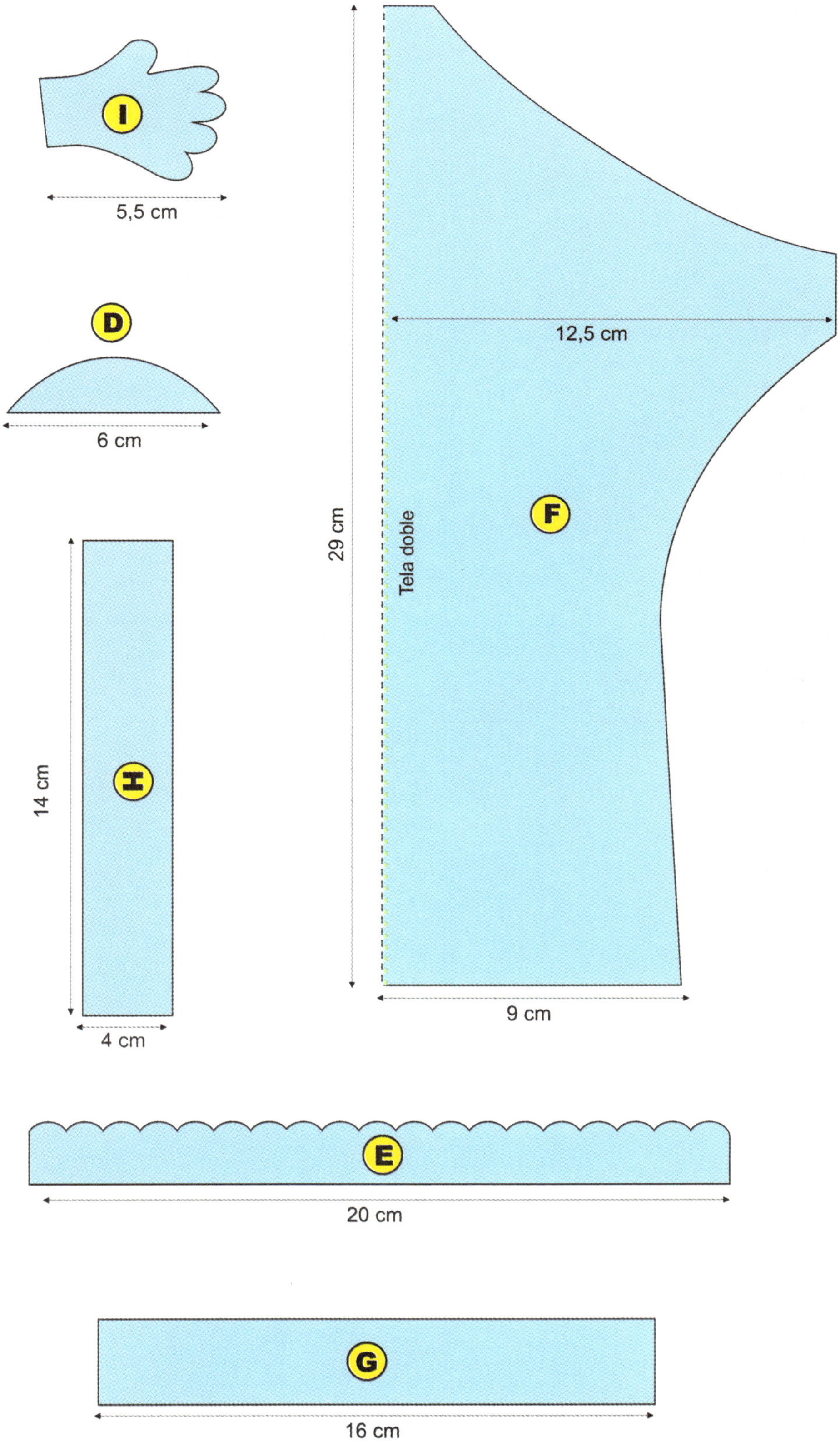

El Príncipe Gentil

Realización:

Cabeza:

Centra la esfera en el cuadrado de media de nailon. Une las cuatro puntas del cuadrado y átalas firmemente, de manera que la media quede totalmente adherida a la esfera de poliespán.

Recorta lo que sobra de la media e introduce la varilla (I) hasta lograr que la cabeza quede firme.

Con los rotuladores indelebles, dibuja los ojos y la boca como ves en el modelo terminado.

Corta hebras de lana y átalas por el medio. Pégalas en el centro de la cabeza y recorta la lana para lograr una melena igualada.

Vestimenta:
Enfrenta las dos piezas de la túnica (E) por el derecho. Cose o pega los lados y da la vuelta a la túnica.

Introduce la varilla que sujeta la cabeza dentro de la túnica y asegúrala con pegamento.

Manos:
Pega las manos (F) por dentro de los puños de la túnica.

En el reverso de una de las manos, pega la varilla (I) que permitirá dar movimiento al títere.

Sombrero:
Une los lados de la pieza (C), indicados en el molde con los números 1 y 2, y pégalos entre sí. De este modo lograrás dar forma al sombrero.

Para finalizar, pega las plumas en el vértice del sombrero y sujétalo con una tachuela a la cabeza del títere, procurando que las plumas queden hacia atrás, como muestra el modelo terminado.

Materiales necesarios

- Lápiz y regla
- Tijera
- Pegamento universal
- 1 esfera de poliespán de 10 cm de diámetro
- 1 cuadrado de media de nailon beis de 15 cm
- Hilo blanco o beis
- Rotuladores indelebles negro y rojo
- 30 cm de tela plateada
- 10 cm de espuma recortable (foamy) beis
- 2 palillos de brocheta o 2 varillas de madera de 20 cm de largo
- Lana negra
- 2 plumas rojas
- 1 tachuela

Capa y lazo:
Coloca la capa por detrás de la túnica y, con unas gotas de pegamento, fija los extremos por delante de la varilla al cuello de la túnica.

Por último, anuda el lazo (H) alrededor del cuello del títere, como muestra el modelo terminado.

Detalle de las piezas

- (A) Cabeza: 1 esfera de poliespán y 1 cuadrado de media de nailon beis
- (B) Pelo: lana negra
- (C) Sombrero: 1 pieza de cuero sintético negro
- (D) Plumas: 2 plumas rojas
- (E) Túnica: 2 piezas de tela plateada
- (F) Manos: 2 piezas de espuma (foamy) beis
- (G) Capa: 1 pieza de tela plateada
- (H) Lazo: 1 pieza de tela negra
- (I) Sostén del títere y de una mano: 2 varillas de madera de 20 cm de largo

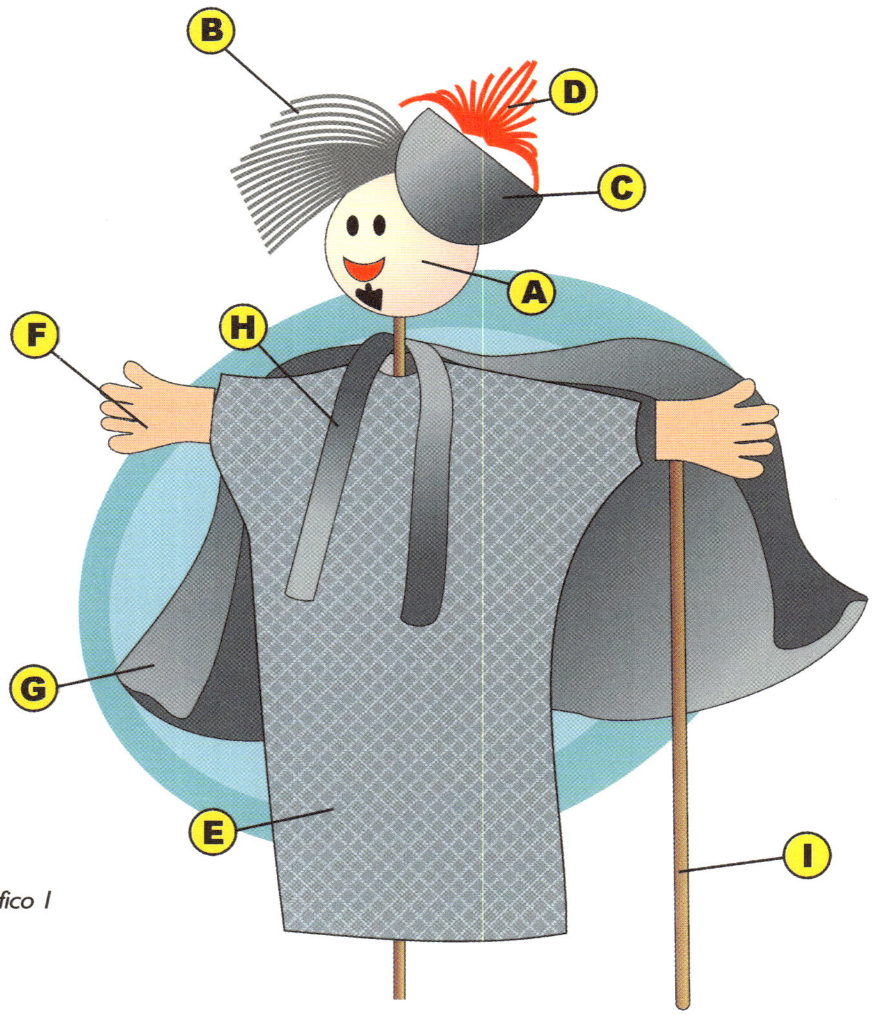

Gráfico I

Amplía los moldes proporcionalmente tomando como referencia las medidas.

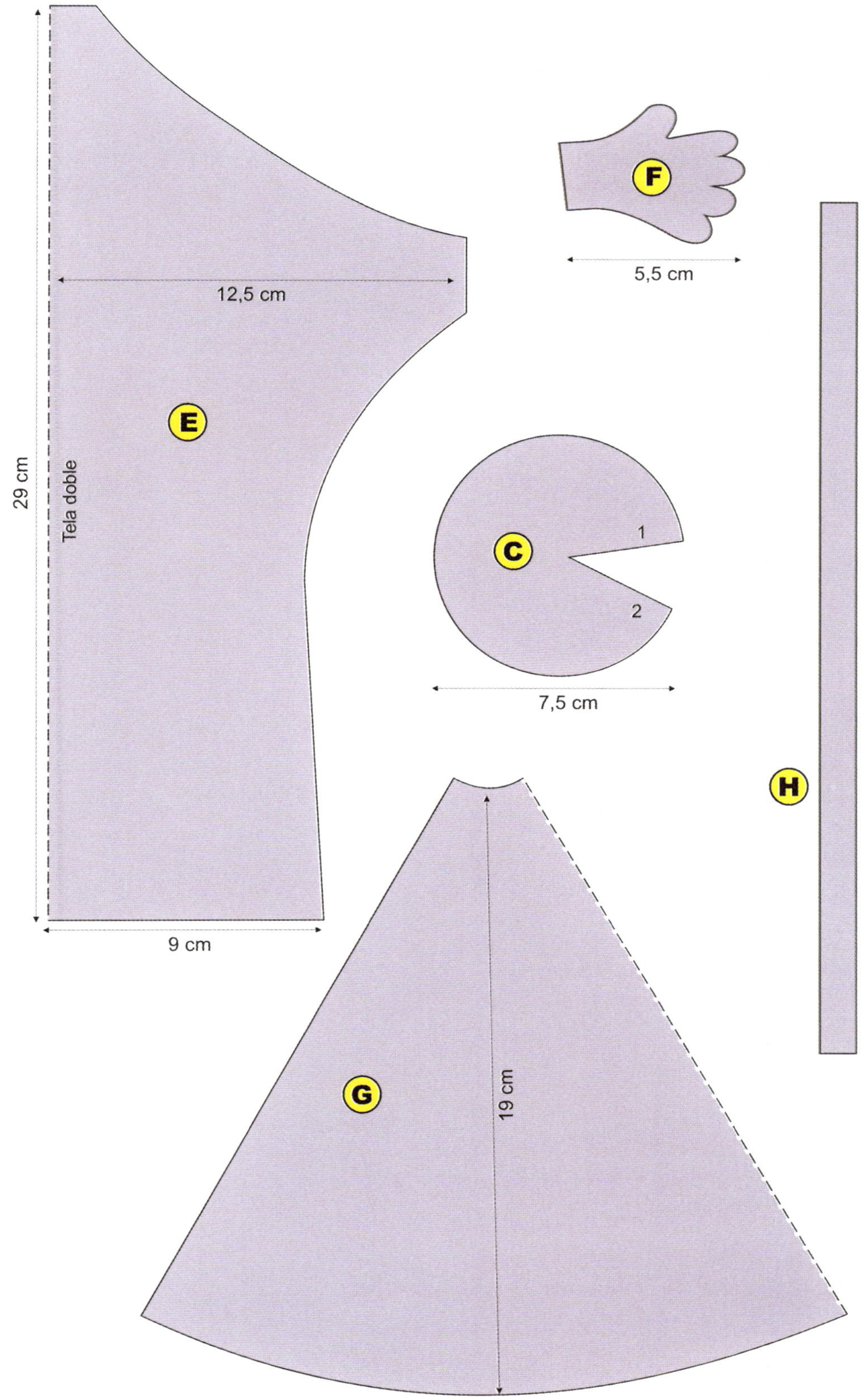

La Bruja Anastasia

Realización:

Cabeza:

Centra la esfera en el cuadrado de media de nailon. Estira las cuatro puntas del cuadrado y átalas firmemente, de manera que la media quede totalmente adherida a la esfera de poliespán.

Introduce la varilla (K) en la esfera hasta lograr que la cabeza quede firme.

Con rotuladores, dibuja los ojos y la boca. Luego pega la nariz (B).

Corta hebras de lana y átalas por el medio. Pégalas luego en el centro de la cabeza, como se ve en el gráfico 1.

Vestido:

Enfrenta las dos piezas de la túnica (D) por el derecho y cose o pega los lados. Viste luego el títere con la túnica.

Pega las manos en el interior de los puños de la túnica.
Pega la varilla (K), que maneja el movimiento de la mano, en el dorso de una de las manos de la bruja.

Capa y cuello:
Corta los flecos indicados en los moldes de las piezas (E) y (F).
Coloca la capa de flecos (E) sobre el vestido y pega los lados.
Realiza la misma operación con el cuello de flecos (F).

Gorro:
Echa pegamento en los lados rectos del gorro (H) y adhiérelos formando un cono.

Para finalizar, pega el gorro, o fíjalo con una tachuela, en la cabeza.

Decoración:
Cuelga un medallón de un trozo de cordón y colócalo alrededor del cuello de la bruja.

Materiales necesarios

- Lápiz y regla
- Tijera
- Pincel
- Pegamento universal
- Rotuladores indelebles negro y verde
- 1 esfera de poliespán de 10 cm de diámetro
- 1 cuadrado de media de nailon beis de 15 cm
- Hilo blanco o beis
- 30 cm de tela negra
- 5 cm de gomaespuma violeta
- 10 cm de espuma recortable (foamy) beis
- 15 cm de cuero sintético negro
- Lana violeta
- 2 palillos de brocheta o 2 varillas de madera de 20 cm de largo
- 15 cm de cordón negro
- 1 medalla o medallón plateado o dorado

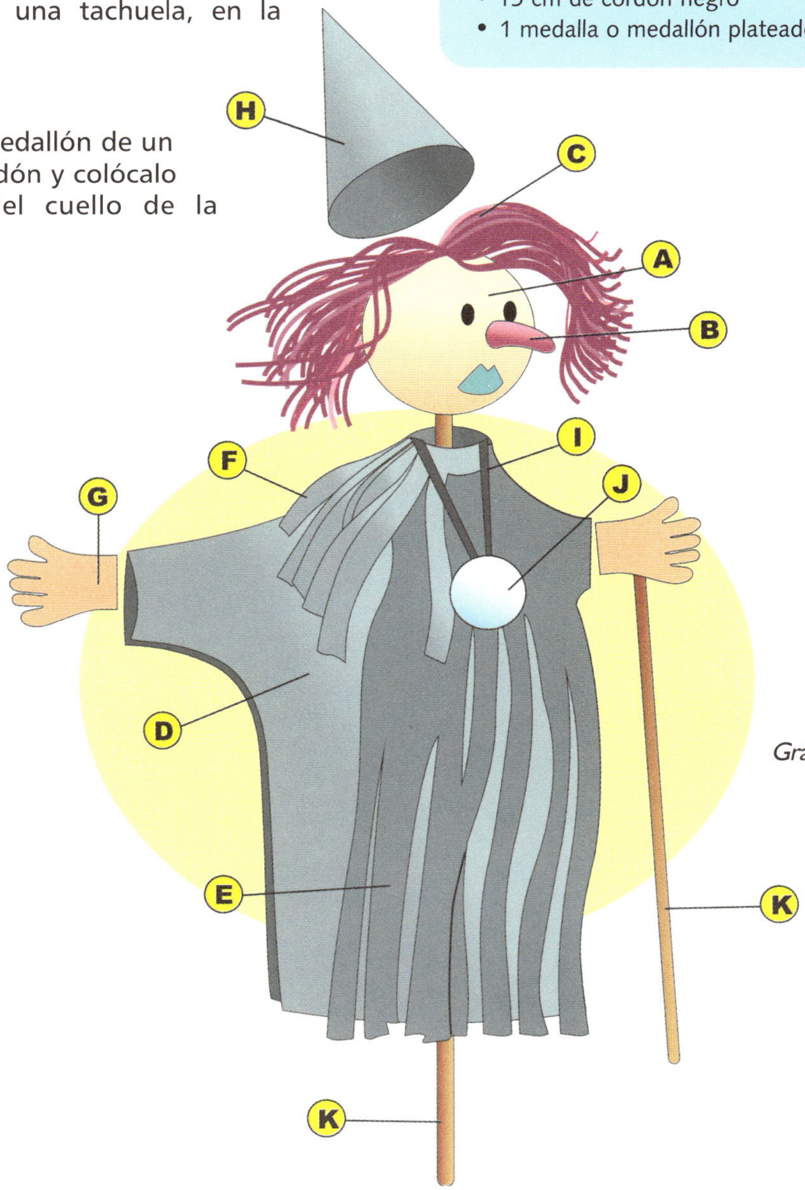

Gráfico I

Moldes

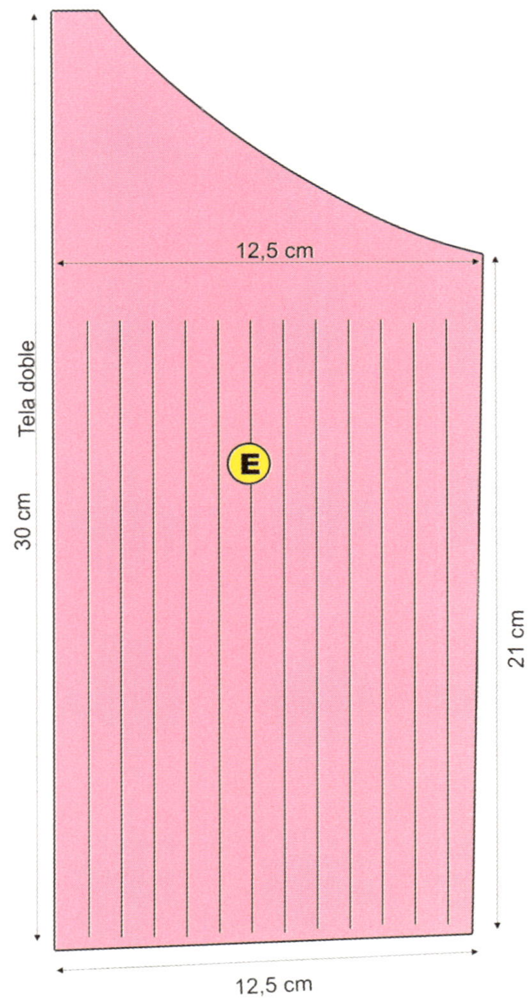

Detalle de las piezas

Corta las piezas en los materiales indicados.

- (A) Cabeza: 1 esfera de poliespán y 1 cuadrado de media
- (B) Nariz: 1 pieza de gomaespuma violeta
- (C) Pelo: lana violeta
- (D) Vestido: 2 piezas de tela negra
- (E) Capa con flecos
- (F) Cuello con flecos
- (G) Manos: 2 piezas de espuma (foamy) beis
- (H) Gorro: 1 pieza de cuero sintético negro

Colgante con medallón:

- (I) Cordón: 1 cordón de 15 cm de largo
- (J) Medallón: 1 medallón
- (K) Sostén del títere y de una mano: 2 varillas o palillos de brocheta

Moldes

Amplía los moldes proporcionalmente tomando como referencia las medidas.

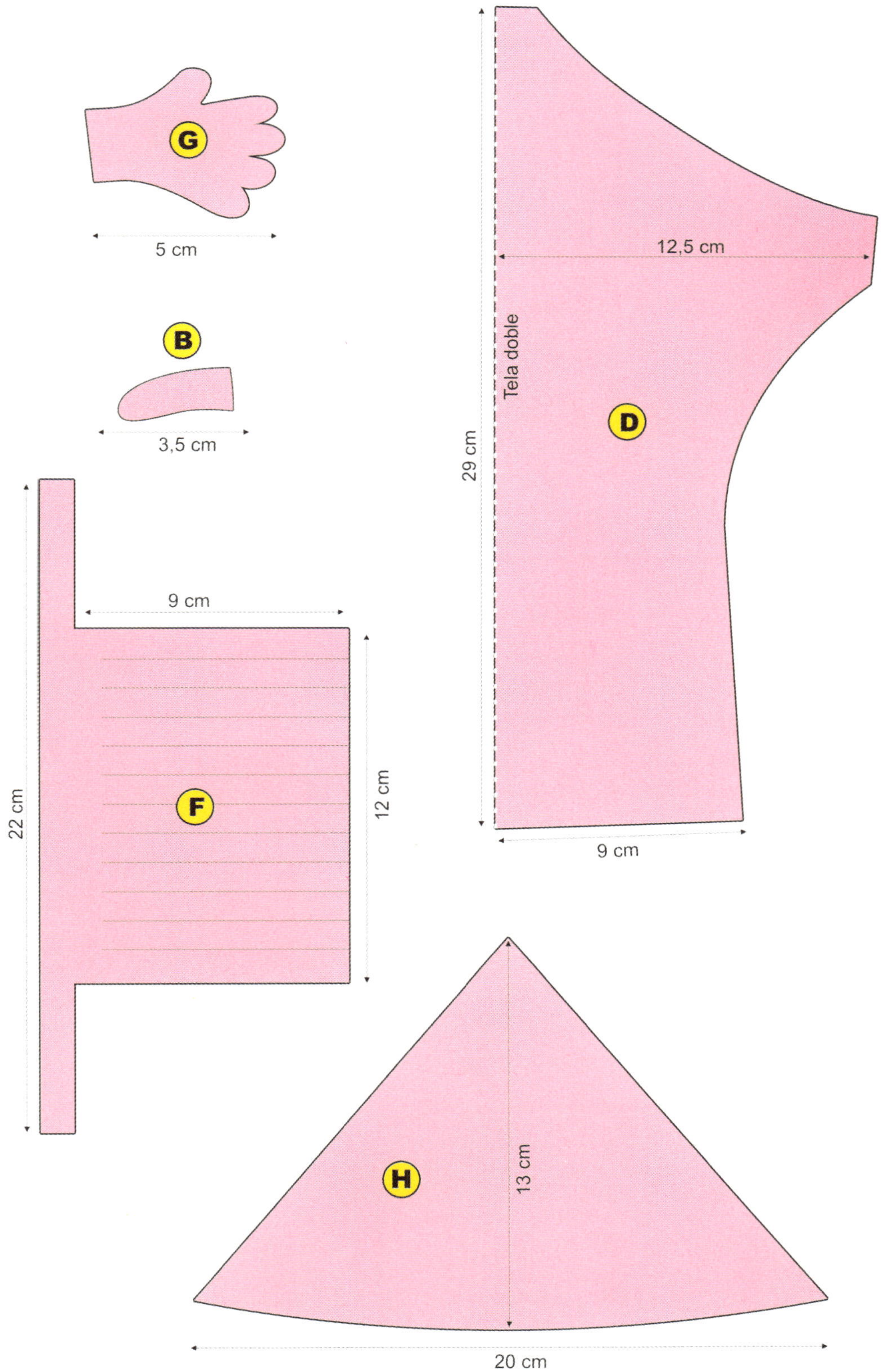

El balcón real

Realización:

Para hacer el balcón del castillo, corta en las piezas (F) y (E) con un cúter los rectángulos indicados en los moldes.

Pintura y decoración:
Comienza pintando de color rosa las piezas: (A), (B), (D), (E), (F), (G) y (H), que formarán el frente y los laterales del castillo. Déjalas secar.

Luego, utilizando una regla y la punta de un bolígrafo gastado, marca las líneas que imitarán las piedras del frente (A) y los laterales (B).

Columnas:
Pinta de gris las piezas (I), (J) y (K), que corresponden a las columnas, y déjalas secar. A continuación, únelas entre sí como indica el gráfico 1.

Montaje:
Balcón:
Arma el balcón pegando sobre el piso (D) los laterales (E) y el frente (F). Luego agrega las barandas (G) y (H).
Une con pegamento el balcón al frente del castillo (A).

Materiales necesarios

- Lápiz y regla
- Cúter
- Tijera
- 2 Placas de poliespán de 50 x 40 cm y de 1 cm de grosor
- 1 cilindro de poliespán de 22 cm de largo y 5 cm de diámetro
- Trozos de espuma recortable (foamy) de distintos tonos de verde
- Pegamento para poliespán
- Cinta adhesiva de 4 cm de ancho
- Pincel
- Témperas o pintura acrílica rosa y gris

Ubica las columnas pegándolas en el frente del castillo.

Unión de los laterales con el frente:
Para unir los laterales (B) al frente del castillo (A), usa una tira de cinta adhesiva (C) como indica el gráfico 1. De esa manera los laterales podrán abrirse y cerrarse para plegar el escenario después de cada función.

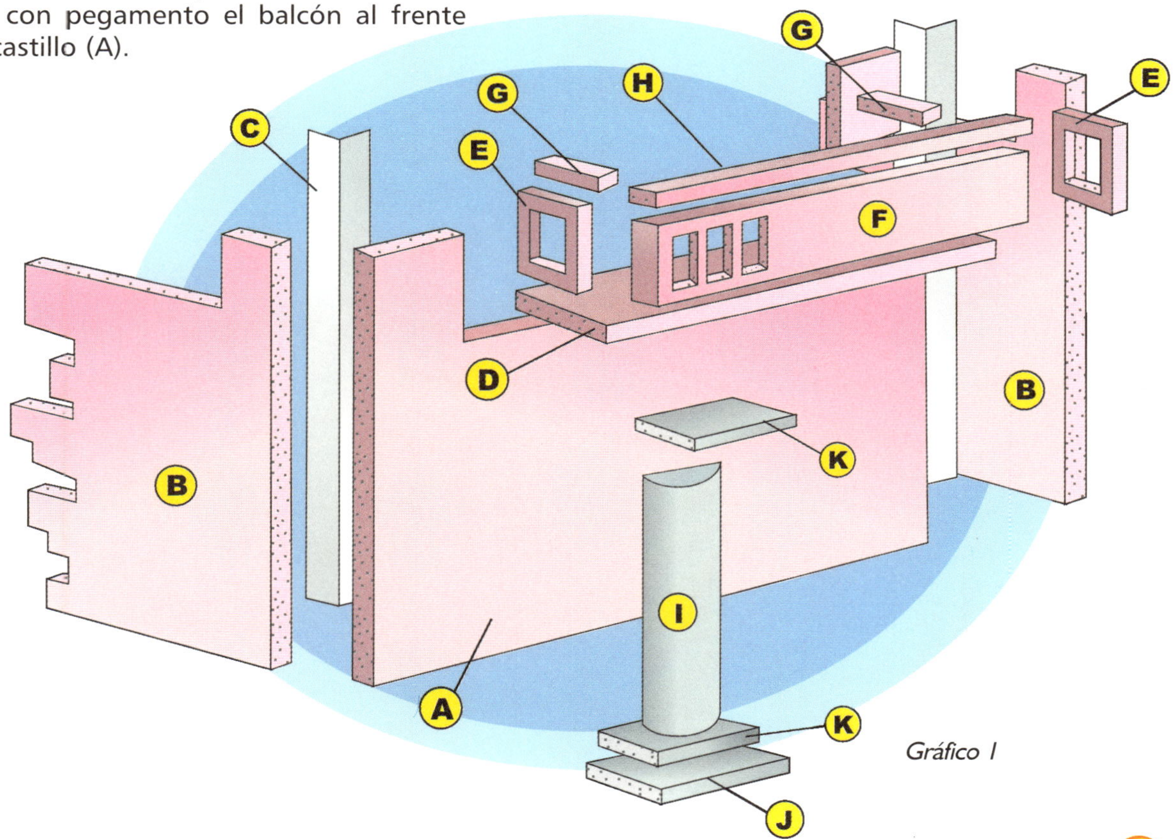

Gráfico I

Detalle de las piezas

Corta las piezas en los materiales indicados.

(A) Frente: 1 pieza de poliespán
(B) Laterales: 2 piezas de poliespán
(C) Unión del frente y los laterales: 2 piezas de cinta adhesiva

Balcón:
(D) Piso: 1 pieza de poliespán
(E) Laterales: 2 piezas de poliespán
(F) Frente: 1 pieza de poliespán
(G) Barandas laterales: 2 piezas de poliespán
(H) Baranda del frente: 1 pieza de poliespán

Columnas:
(I) 1 cilindro de poliespán de 5 cm de diámetro, cortado por la mitad a lo largo
(J) Base inferior de ambas columnas: 2 piezas de poliespán de 1 cm de grosor
(K) Base superior e inferior de las columnas: 4 piezas de poliespán de 1 cm de grosor

Follaje: lám nas de espuma (foamy) de diferentes tonalidades de verde y marrón

Decoración final:
Dibuja ramitas y hojas en espuma (foamy) de diferentes colores y recórtalas. Decora con ellas el frente del castillo como muestra el modelo terminado.

Amplía los moldes proporcionalmente tomando como referencia las medidas.

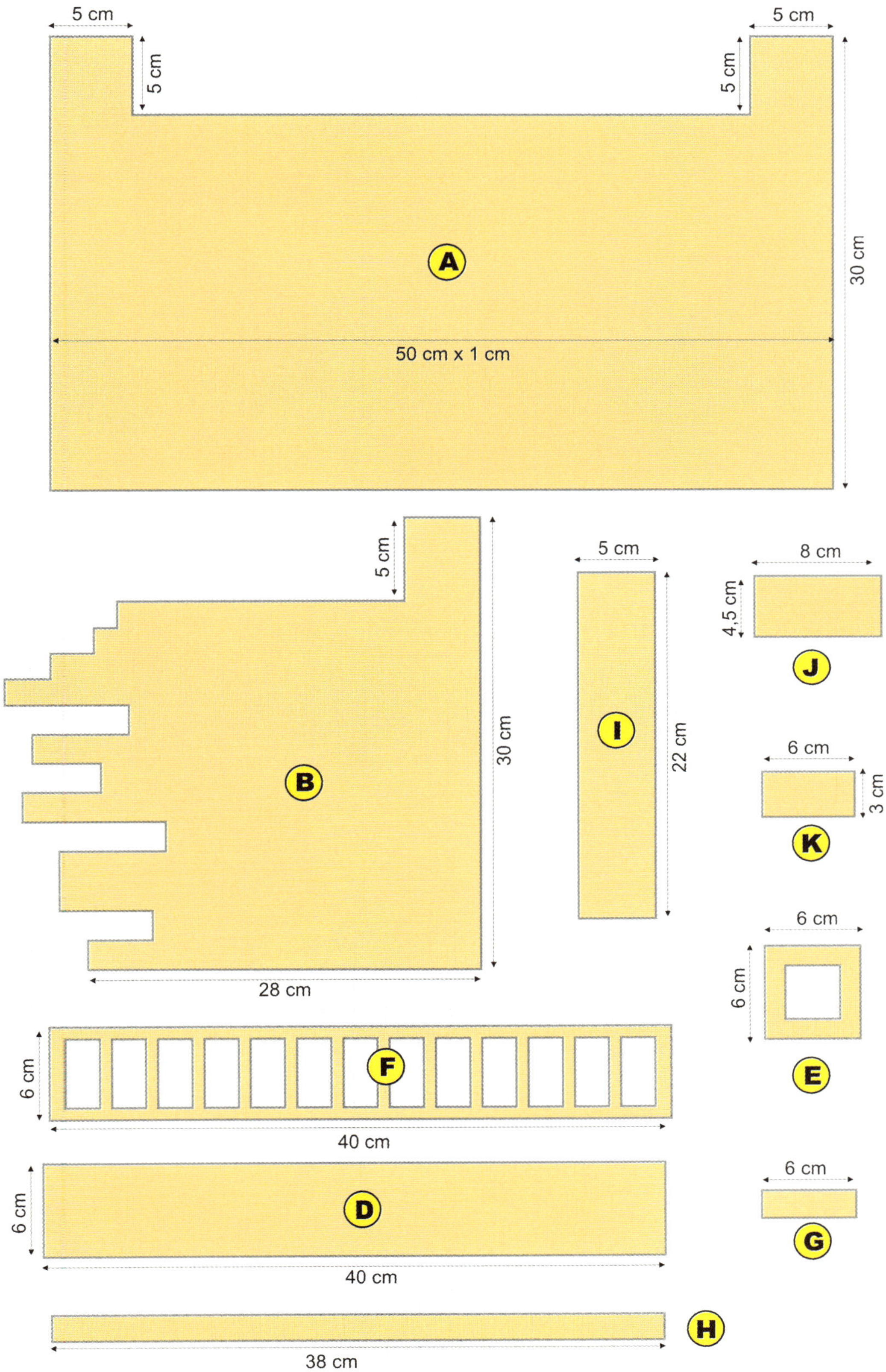

Capítulo 6

Títeres de Gomaespuma

Pececito Veloz

Cómo colorear el pez:
Antes de armar las piezas que corresponden al cuerpo, es conveniente que «manches» con pintura acrílica azul ambas piezas (A) para lograr el colorido del modelo terminado. Para saber cómo hacerlo, consulta las instrucciones de las págs. 12 y 13.

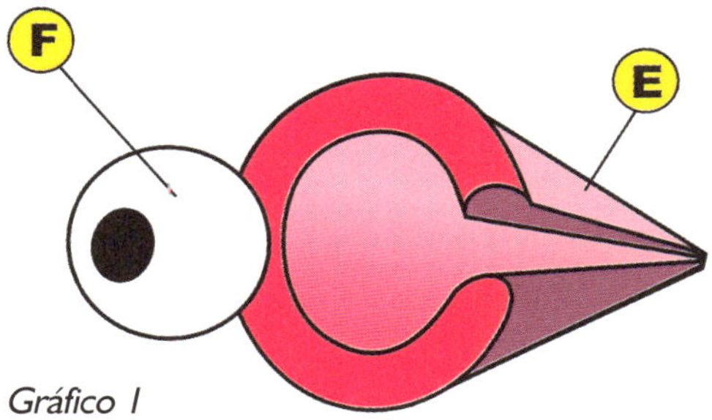

Gráfico 1

Materiales necesarios

- Lápiz y regla
- Tijera
- Gomaespuma roja, rosa y azul de 10 mm de grosor
- Gomaespuma naranja y rosa de 5 mm de grosor
- 2 esferas de poliespán de 3 cm de diámetro
- Pegamento universal
- Rotulador indeleble negro
- Pintura acrílica o témpera azul
- Trozos de gomaespuma (relleno de la cola)

Realización:

Cuerpo:

Comienza echando pegamento en el canto de cada una de las piezas (A) y (B), dejando sin adhesivo el tramo entre 1 y 2 indicado en el molde, que corresponde a la abertura por donde se introduce la mano.

Une por el contorno ambas piezas (A) mediante pequeños pellizcos.

A continuación, pega la pieza (B) dentro de la abertura de la boca.

Labios:

Echa pegamento en los cantos de la pieza (C), dóblala por la mitad a lo largo y une los extremos formando una pieza tubular.

Pégala luego alrededor de la boca, como muestran el gráfico 2 y el modelo terminado.

Ojos:

Guiándote por el gráfico 1, echa pegamento en los cantos de ambos lados rectos de la pieza (E) y déjalo secar.

Forma un cono adhiriendo ambos lados. Introduce la esfera (F) dentro del cono y fíjala con adhesivo.

Aletas:

Extiende pegamento en los tramos de ambas piezas (A) indicados con 3-4. Echa también pegamento en los lados rectos de las aletas y déjalo secar.

Sitúa las aletas en los lugares indicados. Ten en cuenta que van de dos en dos a ambos lados del cuerpo del pez.

Importante

Si lo deseas, puedes cambiar la expresión del modelo, o bien crear diferentes personajes a partir del mismo molde, modificando los ojos, la ubicación de la pupila, los colores y todos los detalles que se te ocurran.

Repite la operación para formar el otro ojo. Luego pégalos a ambos lados de la cara del pez.

Por último, dibuja las pupilas con un rotulador indeleble negro.

Abertura de la manopla:
Dobla por el medio la pieza (G) y realiza la misma operación que para hacer los labios.

Luego echa pegamento en la tira (G) y en la abertura del cuerpo del pez y déjalo secar.

Adhiere la tira (G) alrededor de la abertura, como muestra el modelo terminado.

Bies de terminación:
Para finalizar, adhiere la tira (H) alrededor de todo el contorno del cuerpo del pez para tapar la unión.

Detalle de las piezas

Corta las piezas en los materiales indicados.

- (A) Cuerpo del pez: 2 piezas de gomaespuma azul
- (B) Boca: 1 pieza de gomaespuma roja
- (C) Labios: 1 tira de gomaespuma turquesa
- (D) Aletas: 2 piezas de gomaespuma roja y 2 de espuma recortable (foamy)

Ojos:

- (E) Conos de los ojos: 2 piezas de gomaespuma rosa
- (F) Ojos: 2 esferas de poliespán de 3 cm de grosor

Terminación:

- (G) Bies de la abertura: 2 piezas de gomaespuma azul
- (H) Bies de terminación: 1 tira de gomaespuma azul de 5 mm de grosor

Gráfico 2

Amplía los moldes proporcionalmente tomando como referencia las medidas.

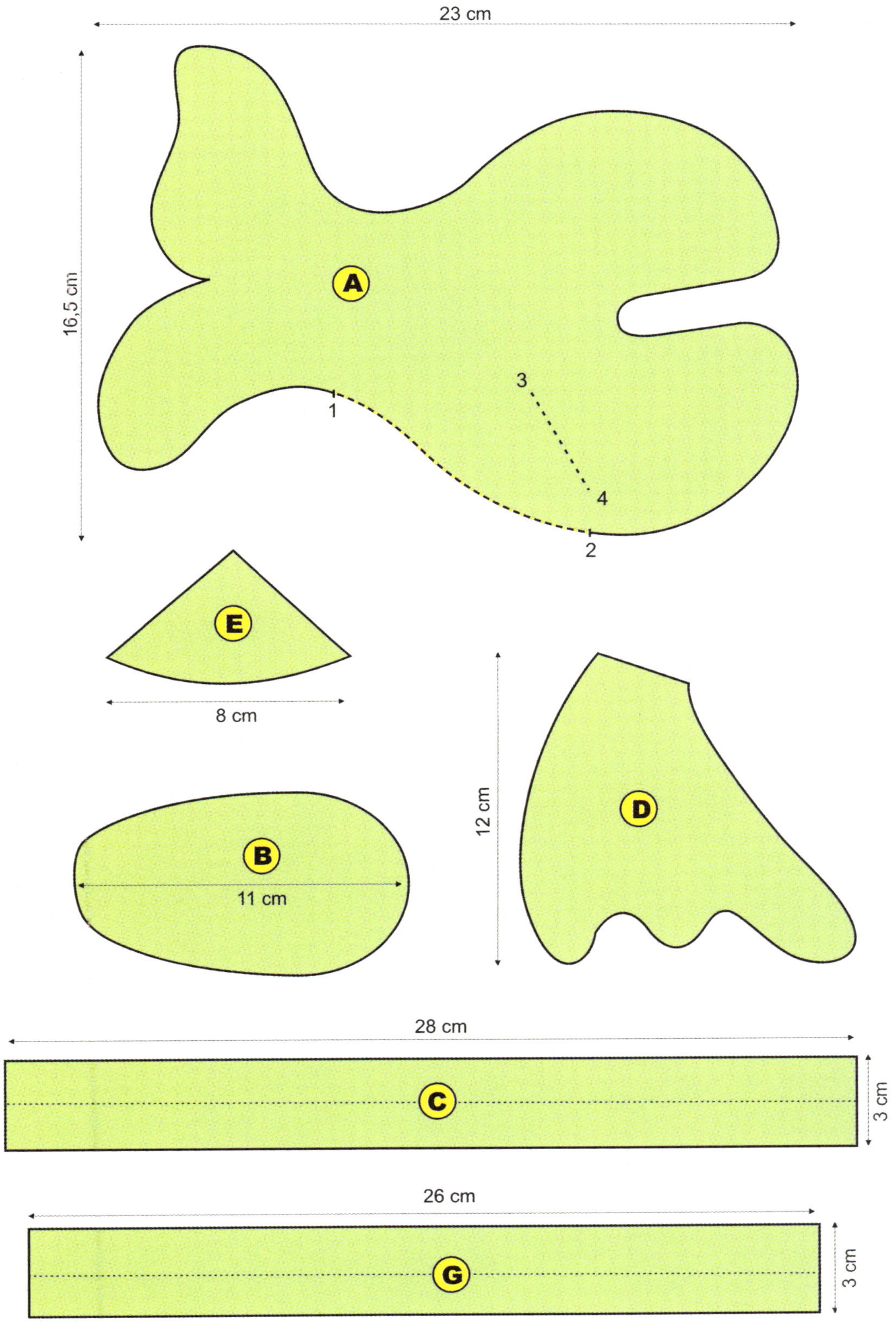

Ballena Viajera

Cómo colorear la ballena:
Antes de armar las piezas que corresponden al cuerpo, es conveniente que «manches» con pintura verde las piezas (A) para lograr el efecto difuminado del modelo terminado.

Guiándote por las instrucciones y el gráfico de la página 13, haz una muñequilla con un trozo de gomaespuma.
Mezcla luego en un cuenco un poco de témpera o pintura acrílica verde con unas gotas de agua.

Importante

Utilizando este procedimiento para pintar, podrás lograr efectos más o menos acentuados que los del modelo terminado, a tu gusto.

Introduce la muñequilla en la pintura y pásala por las zonas de las piezas que quieras colorear.
Espera a que se seque antes de proceder al montaje del títere.

Realización:

Echa pegamento en el canto del contorno de las piezas (A) y en la (B) y espera unos minutos a que se seque.

Luego une ambas piezas de manera que los bordes coincidan exactamente.

Montaje:
Cuerpo:
Para montar la ballena, une las piezas (A) teniendo en cuenta que deberás dejar sin unir los tramos indicados con 1 y 2, que corresponde a la boca; 3 y 4, abertura que permite maniobrar el títere; y 5 y 6, que indica el espacio en el que colocarás la pieza (B), el lomo, para ampliar el cuerpo de la ballena.

Una vez unidas las piezas (A), ubica la pieza (B) entre los puntos 5 y 6. A continuación sitúa la pieza (C), que corresponde a la boca, entre 1 y 2. Esta pieza debe quedar bien adherida, ya que permitirá abrir y cerrar la boca del títere.

Ojos:
Echa pegamento en los cantos de la pieza (G).

Luego dobla la pieza a lo largo y une ambos cantos para lograr una tira tubular que servirá para bordear la esfera del ojo. Repite la operación para hacer el otro ojo.

Materiales necesarios

- Lápiz y regla
- Tijera
- 1 placa de gomaespuma amarilla de 10 mm de grosor
- 20 cm de gomaespuma fucsia de 10 mm de grosor
- 5 cm de gomaespuma naranja de 10 mm de grosor
- 2 esferas de poliespán de 3 cm de diámetro
- Pegamento de contacto
- Pintura acrílica o témpera verde
- Pincel
- Rotulador indeleble negro

Pega alrededor de la esfera de poliespán (F) la tira tubular (G).

Coloca en su sitio los ojos ya terminados guiándote por el modelo.

Por último, pinta las pupilas en el centro de cada esfera de poliespán con un rotulador negro.

Aletas:
Extiende pegamento en cada uno de los bordes rectos de las dos aletas (D) y en los

Importante

Para unir las piezas, tienes que dar pequeños pellizcos presionando ambas piezas a lo largo de toda la unión para que quede igualada, procurando evitar que queden espacios sin unir.

Bies de terminación:
Por último, pega el bies de terminación (I) sobre toda la unión de la ballena para lograr un buen acabado.

Gráfico I

lugares en los que deberán ir ubicadas, indicados con 7 y 8 en los moldes.

Deja que se seque el pegamento y pega las aletas a los costados del cuerpo.

Chorro de agua:
Extiende pegamento en los cantos de las piezas (E) y déjalo secar.

Tras unir las dos piezas entre sí, pega el chorro sobre el cuerpo de la ballena, en el centro de la pieza (B).

Abertura de la ballena:
Haz con la pieza (H) lo mismo que con la pieza (G). Luego ubícala alrededor de la abertura 3-4.

Detalle de las piezas

Corta las piezas en los materiales indicados.

- (A) Cuerpo: 2 piezas de gomaespuma amarilla
- (B) Lomo: 1 pieza de gomaespuma amarilla
- (C) Interior de la boca: 1 pieza de gomaespuma fucsia
- (D) Aletas: 2 piezas de gomaespuma fucsia
- (E) Chorro de agua: 2 piezas de gomaespuma fucsia
- (F) Ojos: 2 esferas de poliespán de 3 cm de diámetro
- (G) Borde de los ojos: 2 piezas de gomaespuma naranja
- (H) Bies de terminación de la abertura: 1 pieza de gomaespuma naranja
- (I) Bies de terminación: 2 tiras de gomaespuma amarilla

H

Moldes

Amplía los moldes proporcionalmente tomando como referencia las medidas.

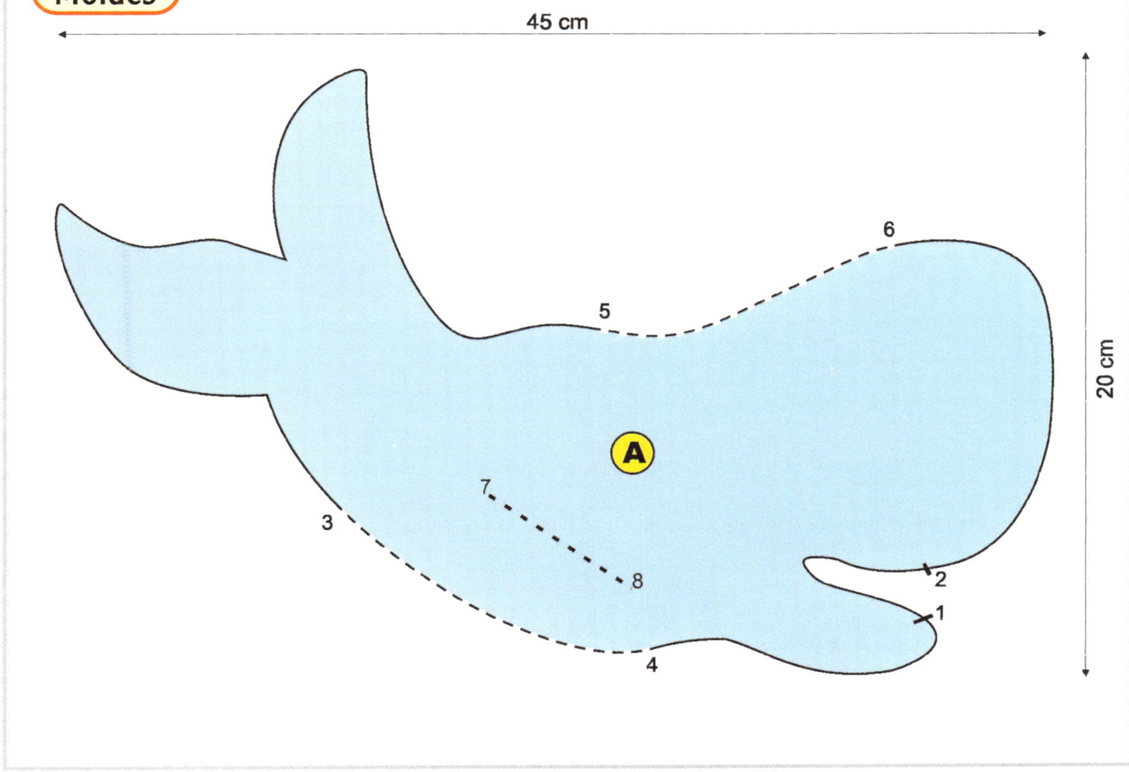

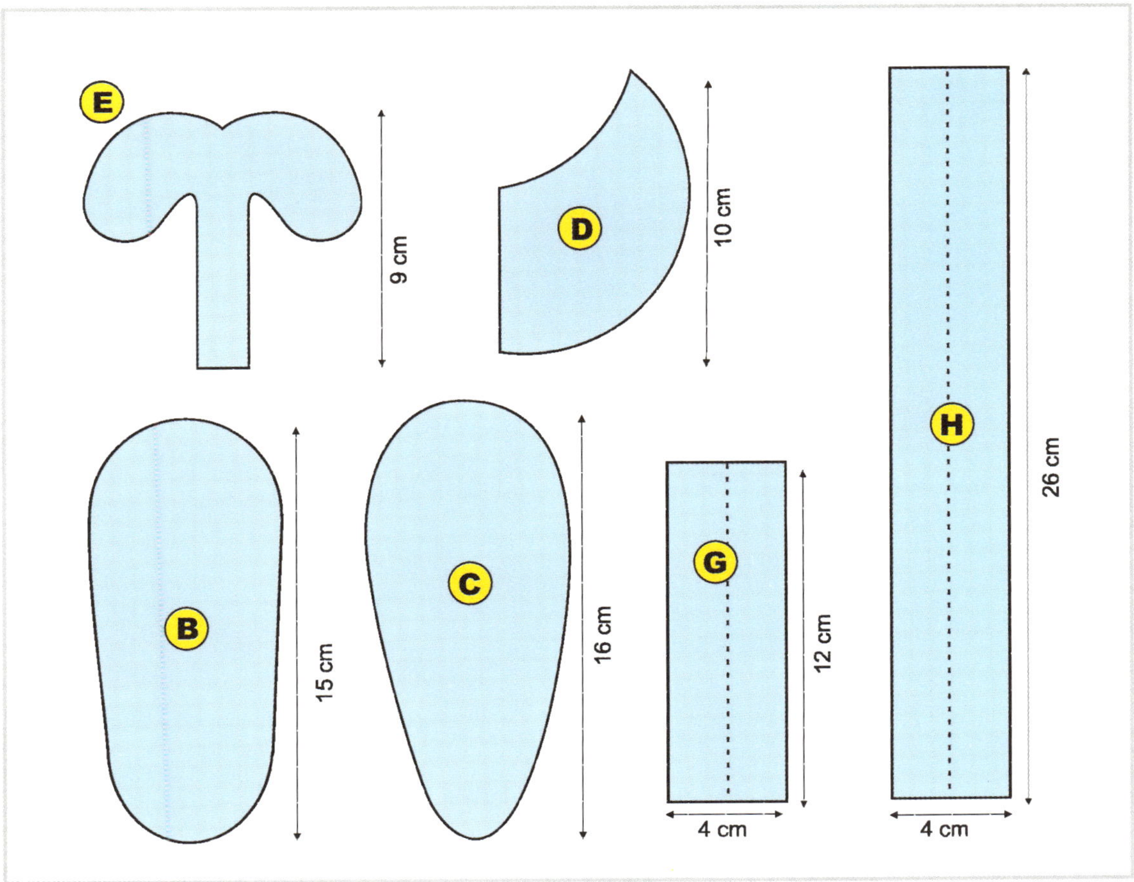

Estrella Marina

Realización:

Estrella:

Colorea las piezas (A) con una muñequilla siguiendo las instrucciones y el gráfico de las páginas 12 y 13.

Una vez seca la pintura, echa pegamento en el canto del contorno de las piezas (A) y déjalo secar unos minutos.

Importante

Para que te resulte más fácil, haz en primer lugar la estrella y luego la manopla. A continuación, pega la estrella sobre la manopla, que te permitirá abrir y cerrar la boca del títere.

Materiales necesarios

- Lápiz y regla
- Gomaespuma amarilla, naranja y verde de 10 mm de grosor
- Gomaespuma naranja de 5 mm
- Pegamento universal
- Pintura acrílica o témpera naranja
- 2 esferas de poliespán de 2 cm de diámetro

Empareja ambas piezas de manera que los bordes coincidan exactamente.
Para unir estas piezas, da pequeños pellizcos presionando a lo largo de todo el contorno, así quedará lisa la unión y evitarás que queden espacios sin unir.

Ojos:
Echa pegamento en el canto del contorno de la pieza (G).

Dóblala luego por la mitad, a lo largo, y une los lados para lograr la tira tubular que bordeará la esfera del ojo.

Pega alrededor de la esfera de poliespán (F) la pieza (G) ya formada.

Repite los pasos para hacer el otro ojo.

Importante

Recuerda que al colocar los ojos debes tener la precaución de dejar hacia abajo la unión de las piezas (G) para que quede oculta y lograr así un mejor acabado.

Por último, dibuja las pupilas con un rotulador negro.

Guiándote por el modelo, pega los ojos en el frente del cuerpo de la estrella.

Manopla:
Extiende pegamento en el canto de la pieza (D), que corresponde a la boca, y en cada una de las piezas (B), dejando la base recta libre de adhesivo, ya que esta es la abertura que te permitirá introducir la mano para manipular el títere.

Para formar la boca, dobla la pieza (D) por la mitad. Une luego una mitad con la pieza superior (C) y la otra con la pieza inferior (B), como puedes ver en el gráfico 1.

A continuación, levanta las aletas de la pieza (B) y únelas con la pieza superior (C), cerrando así el conjunto.

Bies de terminación
Estrella:
Extiende pegamento en el bies de terminación y en la unión de las dos piezas que forman la estrella.
Deja secar el pegamento y adhiere el bies presionando suavemente.

Detalle de las piezas

Corta las piezas en los materiales indicados.

- (A) Estrella: 2 piezas de gomaespuma amarilla
- (B) Base de la manopla: 1 pieza de gomaespuma naranja
- (C) Parte superior de la manopla: 1 pieza de gomaespuma naranja
- (D) Boca:1 pieza de gomaespuma fucsia
- (E) Bies de terminación (1 para la manopla y 1 para la estrella): 2 tiras de gomaespuma naranja de 5 mm de grosor
- (F) Ojos: 2 esferas de poliespán de 2 cm de diámetro
- (G) Borde de los ojos: 2 piezas de gomaespuma verde de 10 mm de grosor

Manopla:
Pega el bies de terminación de la manopla del mismo modo que el de la estrella.

Montaje:
Extiende pegamento en la base de la estrella (A) y en la pieza superior de la manopla (C).

Una vez seco, pega ambas piezas presionando hasta lograr que queden bien adheridas.

Gráfico I

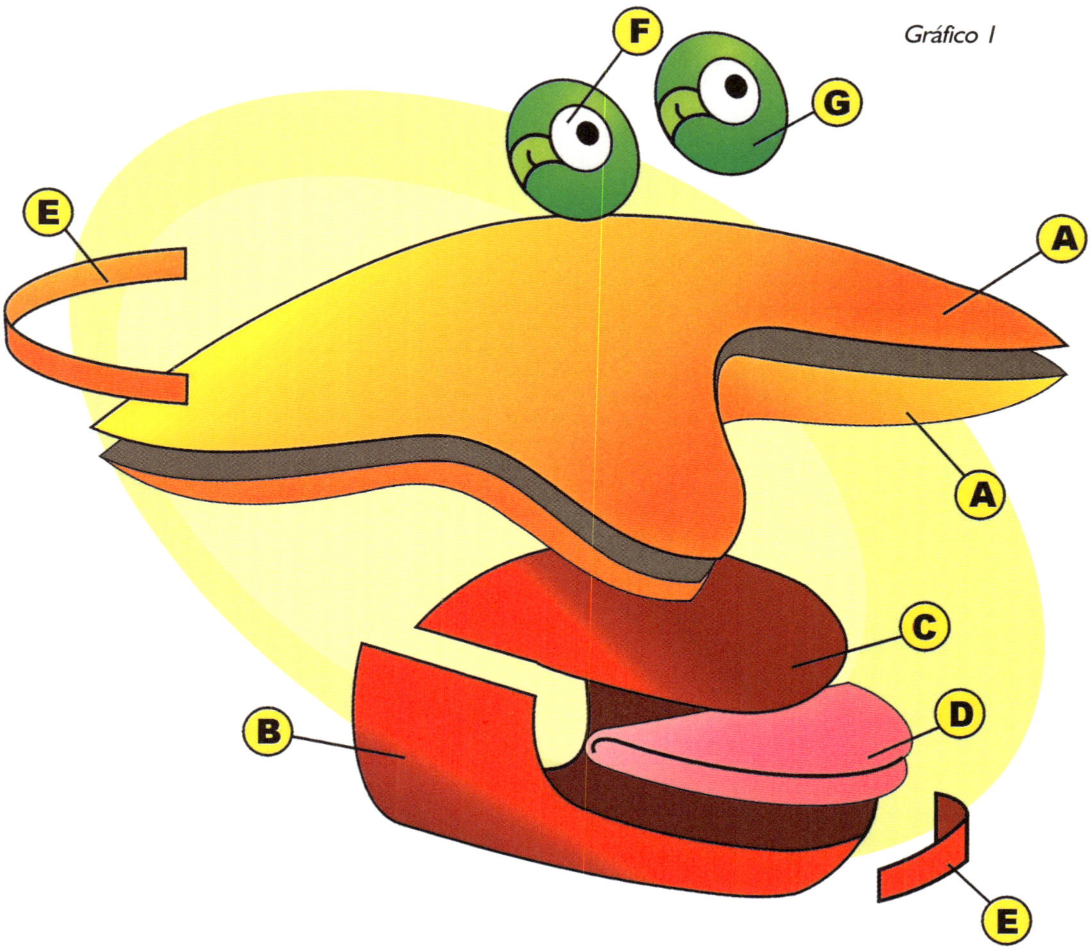

Amplía los moldes proporcionalmente tomando como referencia las medidas.

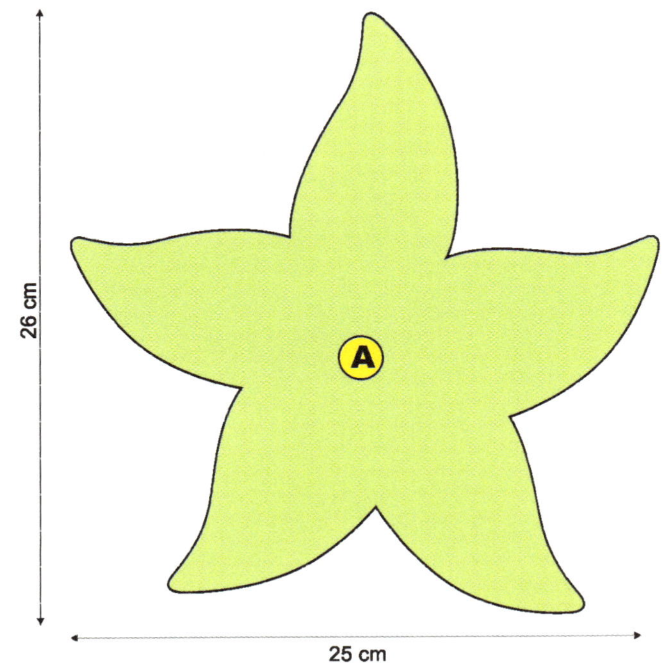

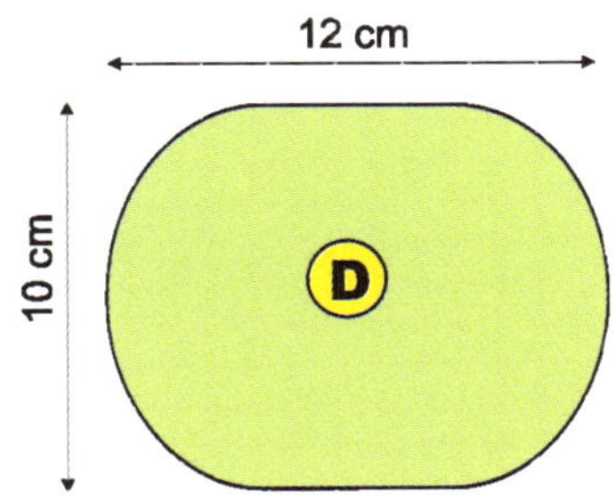

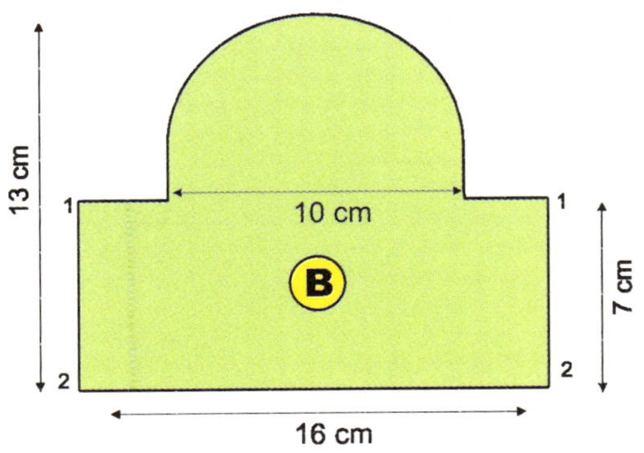

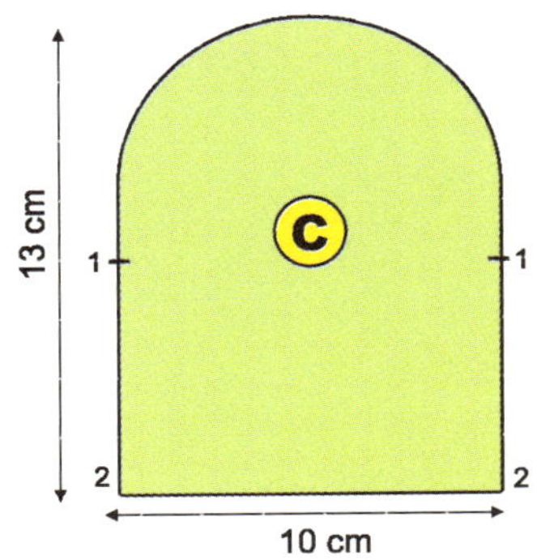

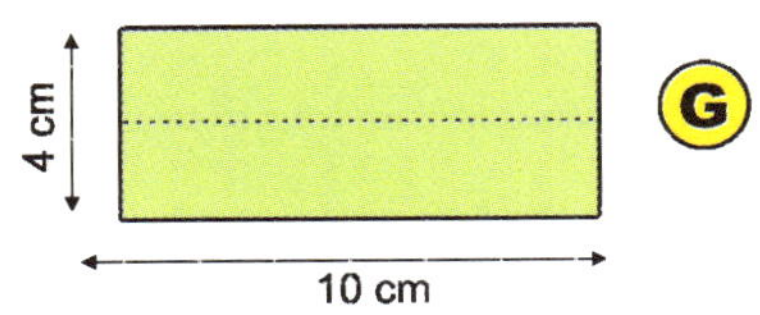

Tiburón Dentón

Cómo colorear el tiburón:
Antes de armar las piezas, es conveniente que «manches» con témpera o acrílico violeta ambas piezas (A) para lograr el colorido difuminado del modelo.

En primer lugar, fabrica una muñequilla con un trozo de gomaespuma. Para hacerlo, guíate por las instrucciones y el gráfico de las páginas 12 y 13.

En un cuenco, prepara el color mezclando témpera o pintura acrílica violeta con unas gotas de agua.

Luego moja la muñequilla de gomaespuma en el color y pásala por las zonas que desees colorear.

Deja secar la pintura antes de proceder al montaje del títere.

Importante

Utilizando este procedimiento podrás lograr efectos más o menos acentuados que los del modelo terminado, a tu gusto.

Realización:

Comienza por echar pegamento en el canto del contorno de las piezas (A), excepto en el tramo comprendido entre los números 1 y 2, que corresponde a la abertura para introducir la mano.

Luego superpón ambas piezas de manera que los bordes coincidan exactamente.

Para unir las piezas tienes que dar pequeños pellizcos a lo largo de todo el contorno de las mismas, así conseguirás que la unión sea lisa y no queden espacios sin pegar.

Boca:
Echa pegamento en el canto de la abertura que corresponde a la boca y en el de la pieza (C), que será el interior de la boca.

Deja secar el pegamento y coloca a continuación la pieza (C) dentro de la abertura de la boca.

Extiende pegamento sobre la base de los dientes (D) y pégalos luego en el borde de la boca, como muestra el modelo terminado.

Para lograr un acabado mejor, pega encima de la unión de los dientes el bies (H).

Ojos:
Echa pegamento en los cantos de las piezas (E) y déjalo secar.

Dóblalas por el medio, a lo largo, y une los lados para formar una pieza tubular.

Importante

Recuerda que al armar el títere tienes que dejar sin unir dos tramos: la abertura que corresponde a la boca y la de la manopla, para que puedas manipularlo.

Materiales necesarios

- Lápiz y regla
- Tijera
- Gomaespuma blanca, azul, roja y amarilla de 10 mm de grosor
- Pegamento universal
- Acrílico o témpera violeta
- 2 esferas de poliespán de 2 cm de diámetro

Luego pega la pieza formada alrededor de la esfera de poliespán (F).

Repite la operación con la otra esfera de poliespán.

Por último, pega los ojos ya terminados sobre el cuerpo del tiburón y con un rotulador negro dibuja las pupilas.

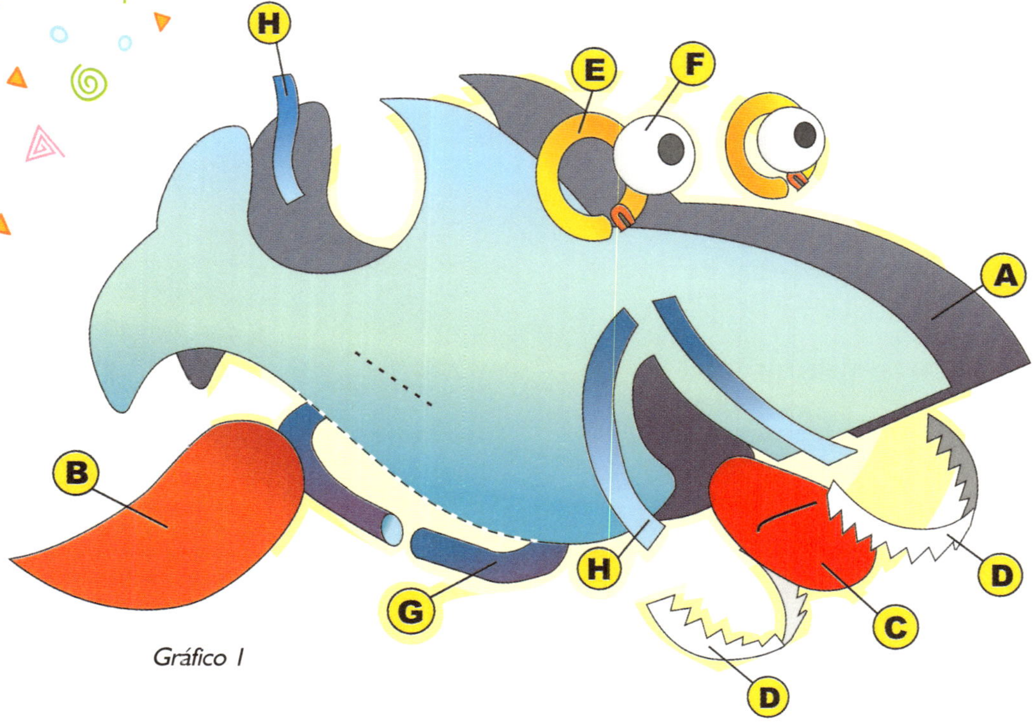

Gráfico I

Aletas:
Guiándote por el modelo terminado, pega las aletas a ambos lados del cuerpo del tiburón.

Abertura del títere:
Echa pegamento en el canto de cada una de las piezas (G) y déjalo secar.
Dóblalas a lo largo por el medio y une los lados para formar una pieza tubular.

Por último, pega la pieza (G) ya terminada alrededor de la abertura marcada en los moldes con 1 y 2.

Bies de terminación:
Extiende pegamento en el bies de terminación (H) y en el borde de unión de las dos piezas que forman el cuerpo. Pégalo y recorta lo que sobre.

Detalle de las piezas

Corta las piezas en los materiales indicados.

- (A) Cuerpo: 2 piezas de gomaespuma celeste
- (B) Aletas: 2 piezas de gomaespuma roja

Boca:
- (C) Interior: 1 pieza de gomaespuma roja
- (D) Dientes: 2 piezas de gomaespuma blanca

Ojos:
- (E) Borde exterior: 2 piezas de gomaespuma amarilla
- (F) Ojos: 2 esferas de poliespán de 2 cm de diámetro

Terminación:
- (G) Bies de terminación de la abertura: 1 pieza de gomaespuma violeta
- (H) Bies de terminación del títere: 2 tiras de gomaespuma azul de 1 cm de ancho

Amplía los moldes proporcionalmente tomando como referencia las medidas.

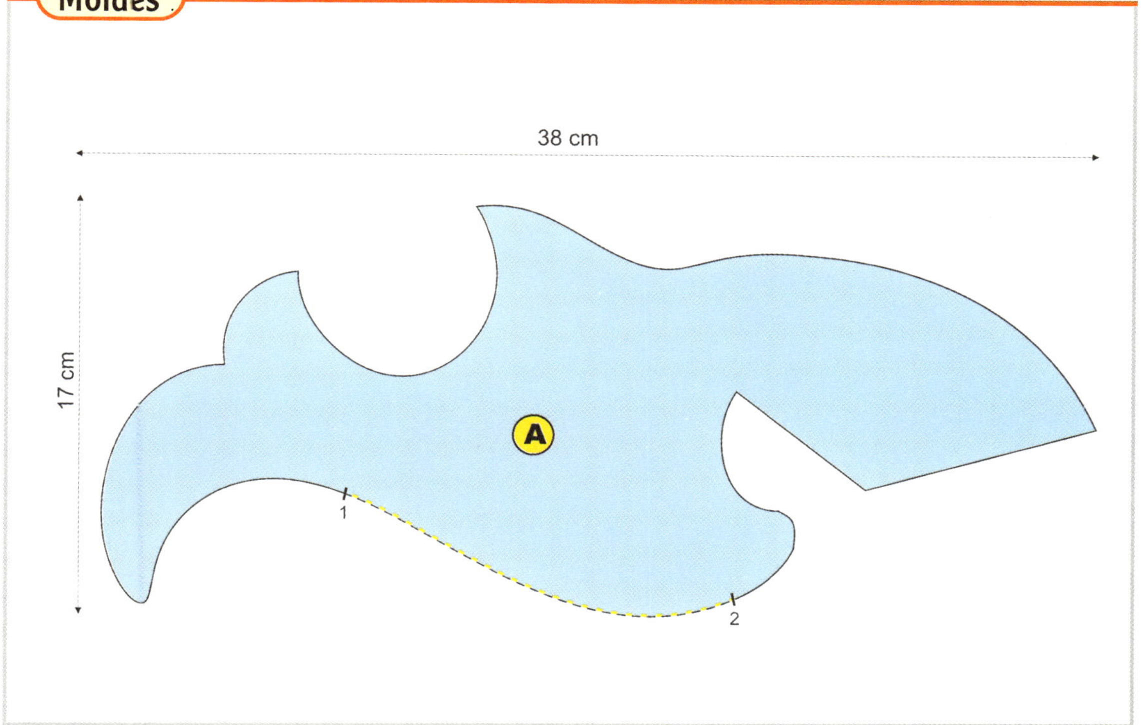

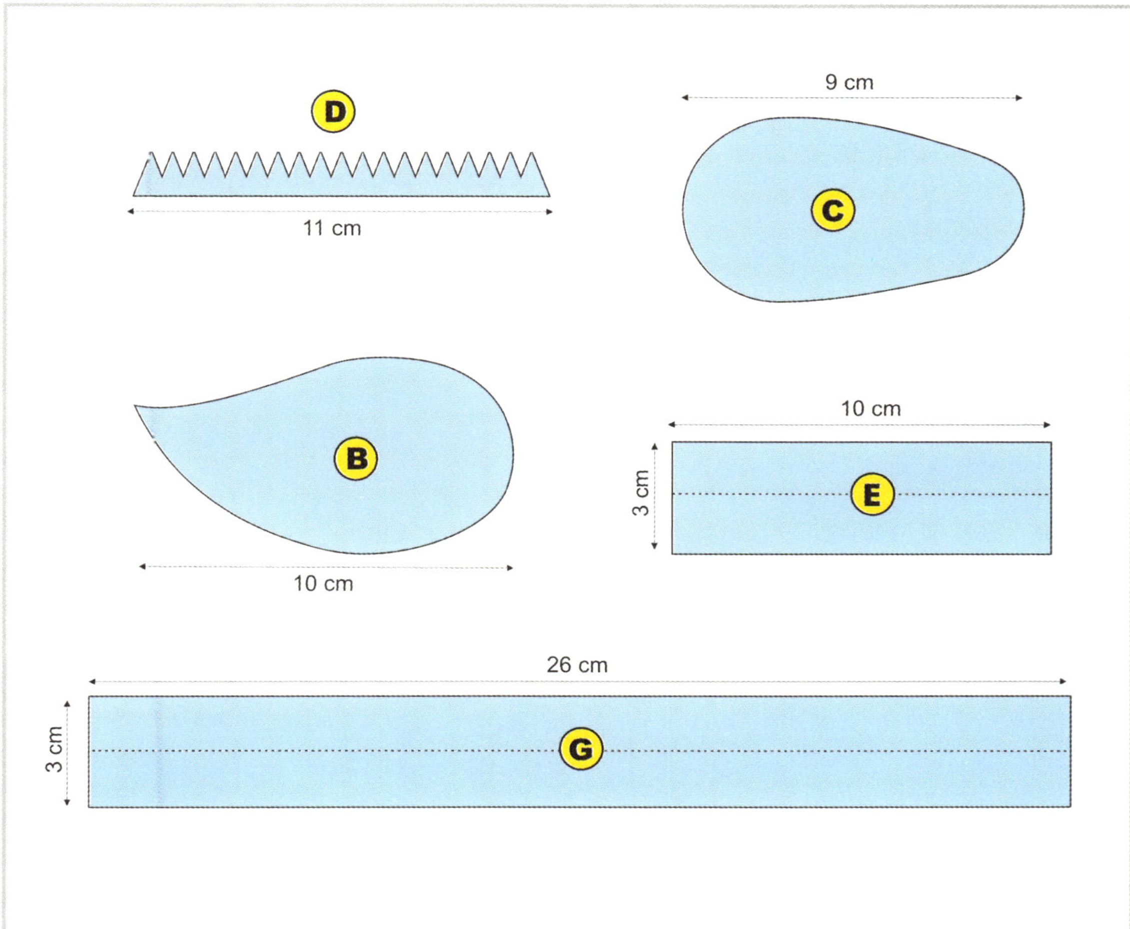

Capítulo 6

Títeres de Guante

Nico Espantapájaros

Realización:

Cabeza:
Para hacer la cabeza, superpón las piezas (A) y cose o pega el contorno. Recuerda que debes dejar sin coser la base del cuello para poder rellenar la cabeza.

Da la vuelta a la costura, rellena la cabeza con guata y pega los ojos y la boca guiándote por el modelo terminado.

Para hacer el pelo, corta varias hebras de hilo de sisal de 20 cm y átalas por el medio.

Pégalas en el centro de la cabeza dejando un mechón para cada lado.

Sombrero:
Corta trozos de hilo de sisal de 10 cm de largo. Júntalos, dóblalos por el medio y sujétalos para obtener el penacho del sombrero (D).
Luego colócalo entre las piezas (I), que corresponden a la copa, y sujétalo con pegamento.

Une por los laterales las dos piezas de la copa (I), de manera que el penacho quede hacia arriba, como muestra el modelo terminado.

Cose con hilo negro la copa ya terminada al ala del sobrero (J). Por último, pega el sombrero a la cabeza.

Vestimenta
Enfrenta las piezas (F) y une los lados con pegamento.

Puedes coser las costuras a punto de cruz para lograr el acabado del modelo.
Une la cabeza al vestido con unas puntadas.

Importante

Si no quieres coser, puedes imitar el efecto del punto de cruz dibujando con rotulador negro sobre la arpillera unas hileras de cruces.

Materiales necesarios

- Cúter
- Lápiz y regla
- Hilo o lana negra
- Hilo de sisal
- Aguja de lana
- 30 cm de arpillera
- 15 cm de fieltro rojo
- 15 cm de fieltro blanco
- 2 ojos de plástico negros
- Trocitos de fieltro de colores
- Pegamento universal
- Guata

Opcional:
- Pegamento para tela
- Rotulador indeleble negro

Finalmente, utilizando una aguja o un alfiler, desfleca el bajo del vestido sacando uno a uno varios de los hilos horizontales.

Manos:
Superpón de dos en dos las piezas (E) y pega o cose el contorno.

Rellénalas luego con guata y únelas al borde de cada manga.

Recuerda que debes colocarlas con el dedo pulgar hacia arriba.

Chaqueta:
Dobla la pieza (G) por la línea de puntos y cose o pega el contorno desde el puño hasta el bajo. Repite la operación en el otro lado.

Decora la chaqueta con los remiendos de colores (H) y, por último, pónsela al espantapájaros.

Detalle de las piezas

Corta las piezas en los materiales indicados

- (A) Cabeza: 2 piezas de fieltro blanco
- (B) Ojos: 2 ojos de plástico negros
- (C) Boca: 1 pieza de fieltro rojo
- (D) Pelo: hilo de sisal
- (E) Manos: 4 piezas de fieltro blanco
- (F) Vestido: 2 piezas de arpillera
- (G) Chaqueta: 1 pieza de fieltro rojo
- (K) Remiendos: trozos de telas de colores

Sombrero:
- (I) Copa: 2 piezas de arpillera
- (J) Ala: 1 pieza de arpillera

Gráfico I

Amplía los moldes proporcionalmente tomando como referencia las medidas.

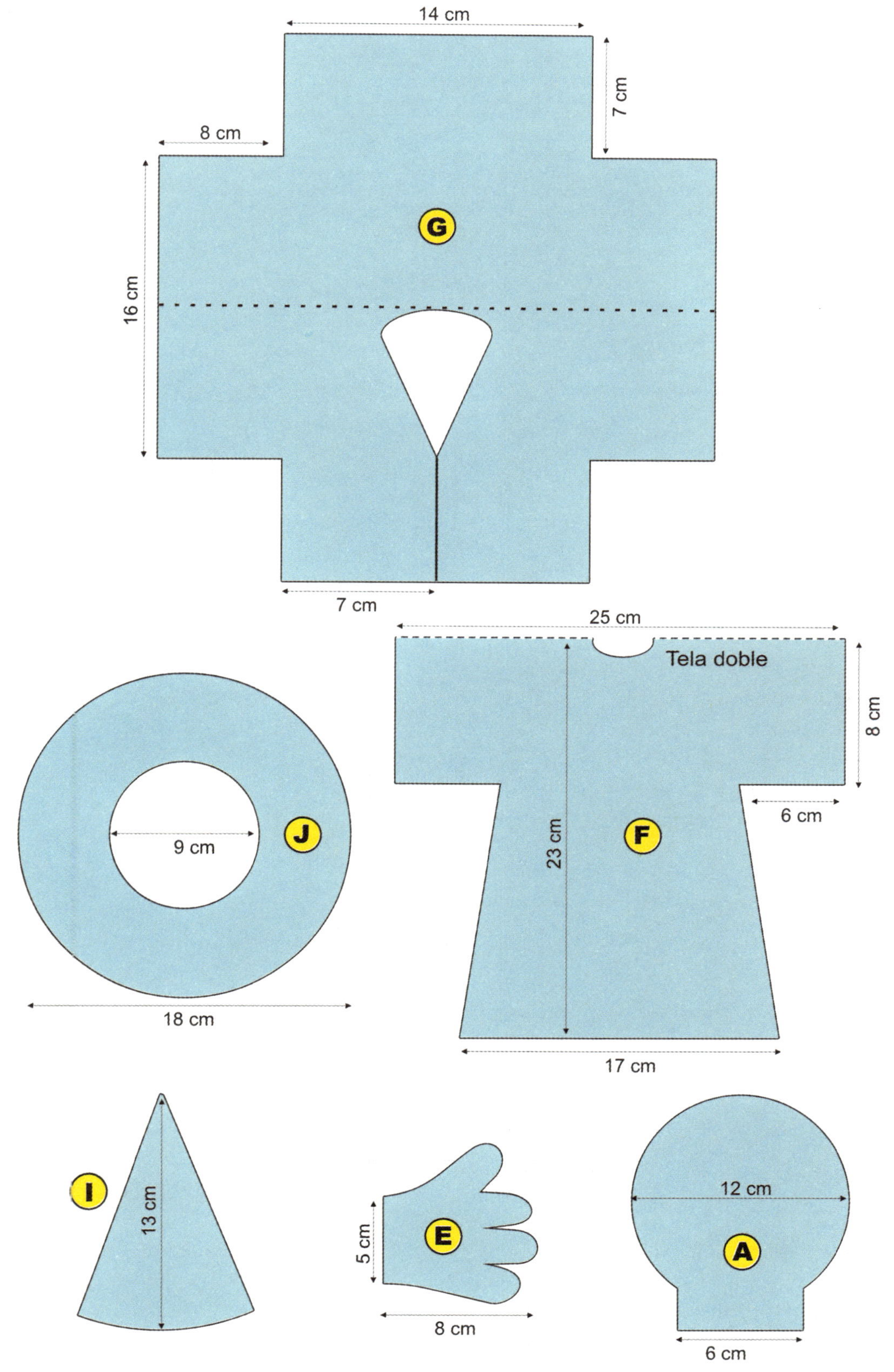

Pato Patoso

Realización:

Cuerpo:
Superpón por el derecho las piezas (A) y cose o pega el contorno. Deja sin unir los dos tramos en los que colocarás las patas, indicados en el molde con los números 1 y 2, y la base (3-4), que será la abertura por la que introducirás la mano.

A continuación, da la vuelta a la costura y rellena la cabeza con algodón o guata para que quede firme.

Cara:
Pega los ojos centrándolos en el frente de la cara.

Materiales necesarios

- 30 cm de peluche amarillo
- 10 cm de fieltro naranja
- 2 ojos de plástico negros
- Lápiz regla y tijera
- Aguja e hilo amarillo
- Guata o algodón
- Pegamento universal

Dobla el pico (B) por la mitad y fíjalo con pegamento como se ve en el gráfico 1.

Patas:
Dobla una de las piezas (D) por el medio, a lo largo, y une los lados con una costura o con pegamento. Dale la vuelta y rellénala con guata.

A continuación, pega la pieza (E) en un extremo de la pieza (D).

Haz la otra pata de la misma manera y, por último, pégalas o cóselas en las aberturas indicadas con 1 y 2.

Cola:
En la pieza (F), que corresponde a la cola, haz un hilván alrededor del borde.

Coloca un trozo de algodón en el centro de la pieza y tira del hilo del hilván hasta cerrar totalmente la costura, dejando el algodón en su interior, para formar el pompón que será la cola del patito.

Finalmente, pega la cola al cuerpo del Pato Patoso.

Detalle de las piezas

Corta las piezas dejando 1 cm de margen para la costura.

- (A) Cuerpo: 2 piezas de peluche amarillo
- (B) Pico: 1 pieza de fieltro naranja
- (C) Ojos: 2 ojos de plástico
- (D) Patas: 2 piezas de fieltro naranja
- (E) Base de las patas: 2 piezas de fieltro naranja
- (F) Cola: 1 pieza de peluche amarillo

Gráfico I

Amplía los moldes proporcionalmente tomando como referencia las medidas.

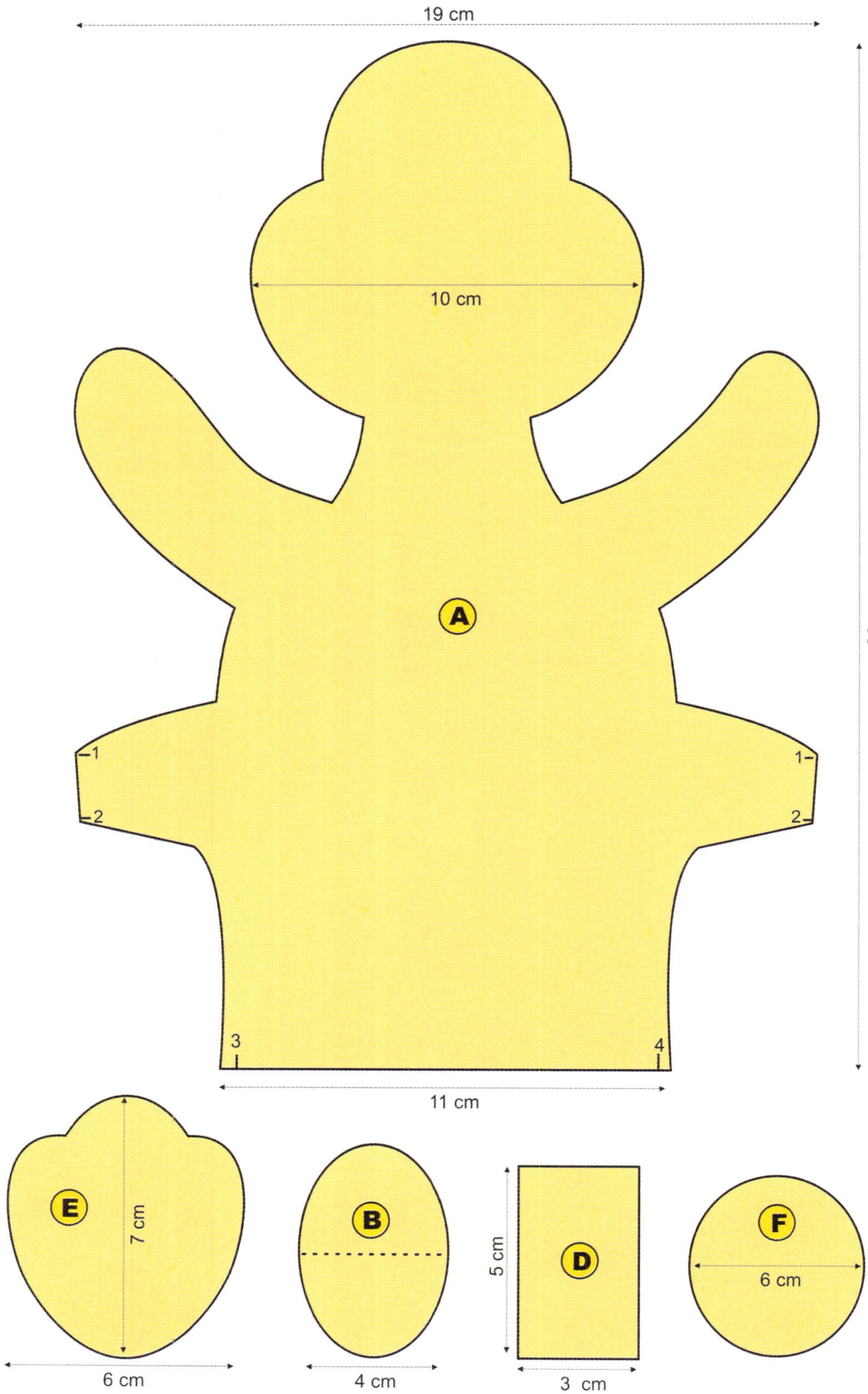

Pingo Pingüino

Realización:

Cabeza y delantero del cuerpo:
Antes de comenzar a armar el cuerpo del pingüino tienes que superponer las piezas (A) y (B), que corresponden a la cabeza y a la parte delantera del cuerpo.

Importante

Recuerda que no debes coser la base del pingüino, ya que esa abertura permitirá manipular el títere.

Materiales necesarios

- 30 cm de peluche blanco y negro
- 10 cm de fieltro naranja
- 5 cm de fieltro rojo
- 2 ojos de plástico negros
- Lápiz, regla y tijera
- Aguja e hilo blanco o negro
- Algodón o guata
- Opcional: pegamento universal

Para ello debes enfrentar las caras de peluche por el derecho y unir el contorno con una costura.

Espalda:
Enfrenta por el derecho las piezas (C) de peluche y une con una costura la parte de la cola, desde el punto 1 hasta el 2.

Cose luego la espalda ya armada (C) al delantero del cuerpo, formado por las piezas (A) y (B), dejando sin coser las aberturas indicadas entre los números 3 y 4 para insertar las alas.

Alas:
Enfrenta los derechos de la pieza (D) y cose el contorno, dejando libre el tramo indicado con 3 y 4.

Repite la operación con la otra pieza (D).

Detalle de las piezas

Corta las piezas en los materiales indicados dejando 1 cm de margen para las costuras.

- (A) Delantero: 1 pieza de peluche blanco
- (B) Cabeza: 1 pieza de peluche negro
- (C) Espalda: 2 piezas de peluche negro
- (D) Alas: 2 piezas de peluche negro
- (E) Patas: 2 piezas de fieltro naranja
- (F) Pico: 1 pieza de fieltro naranja
- (G) Ojos: 2 ojos de plástico negros
- (H) Pajarita: 1 pieza de fieltro rojo
- (I) Traba de la pajarita: 1 pieza de fieltro rojo

Une con una costura cada ala al cuerpo. Por último, da la vuelta a la costura y deja todo el conjunto del derecho.

Cara:
Une con pegamento los lados rectos de la pieza (F), que corresponde al pico.

Rellena el pico con un trozo de algodón o guata y adhiérelo a la cara. Por último, pega los ojos.

Gráfico I

Montaje:
Guiándote por el gráfico 1, pega las patas (E) en el frente del cuerpo.

Pajarita:
Finalmente, forma la pajarita con las piezas (H) e (I) y pégala en el cuello del pingüino.

Amplía los moldes proporcionalmente tomando como referencia las medidas.

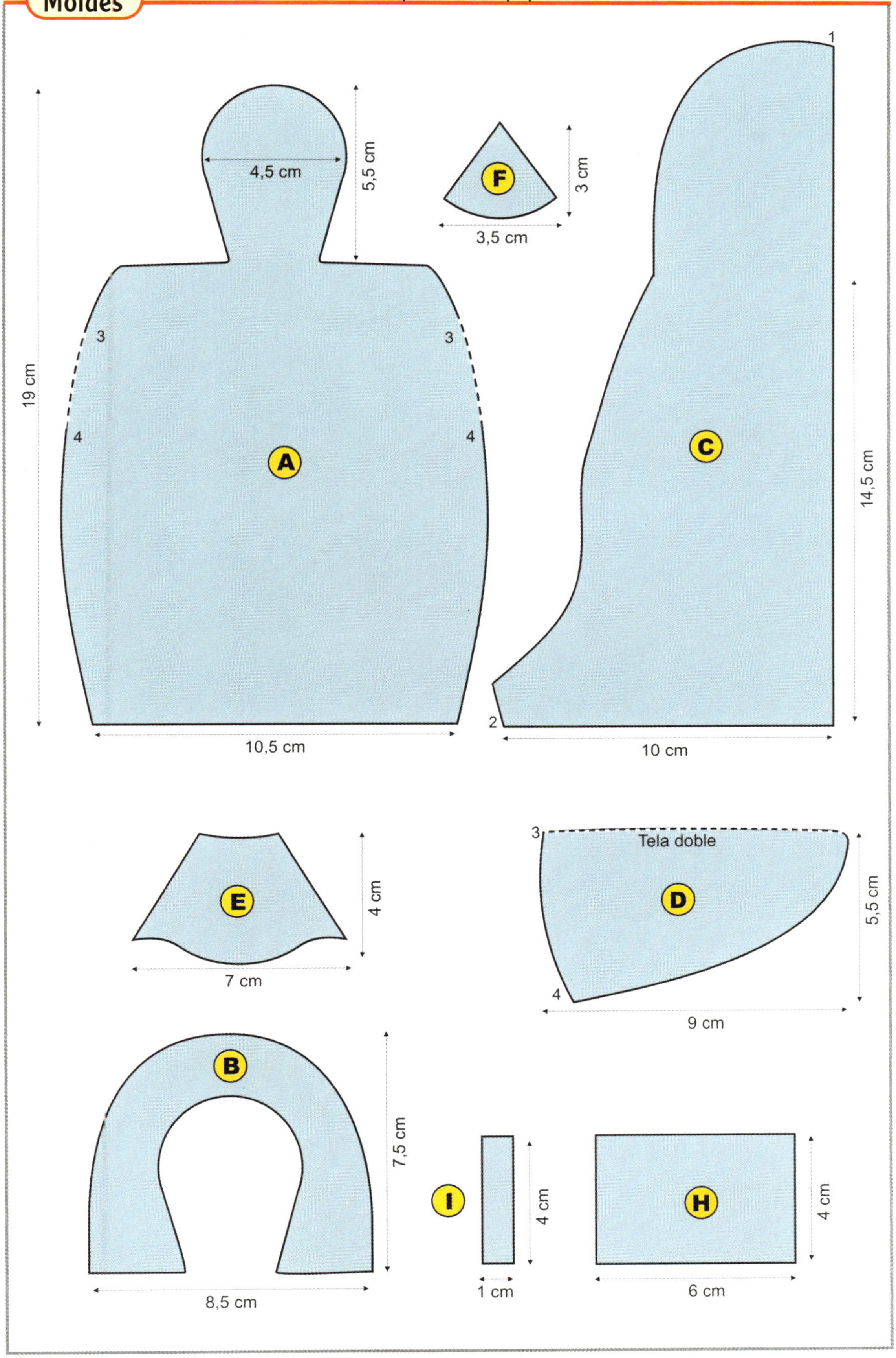

Conejo Pompón

Realización:

Cabeza

Enfrenta las piezas (A) por el derecho y cose el contorno, excepto la base del cuello. Da la vuelta a la costura.

Orejas:

Para hacer una oreja, enfrenta el derecho de la pieza (C) de peluche con la pieza de fieltro, que será la parte frontal.

Materiales necesarios

- 30 cm de peluche blanco
- 10 cm de fieltro rosa
- Pegamento universal
- Aguja de lana
- Hilo blanco
- 2 ojos de plástico negros
- 1 morro de plástico rosa
- Algodón o guata

Cose el contorno dejando abierta la base. Da la vuelta a la costura.

Haz la otra oreja de la misma manera. Introduce ambas orejas en las aberturas a cada lado de la cabeza, indicadas en el molde con 1-2.
Fíjalas con pegamento o bien con unas puntadas.

Recuerda que el fieltro rosa debe quedar visible en la parte delantera, como muestra el modelo terminado.

Gráfico I

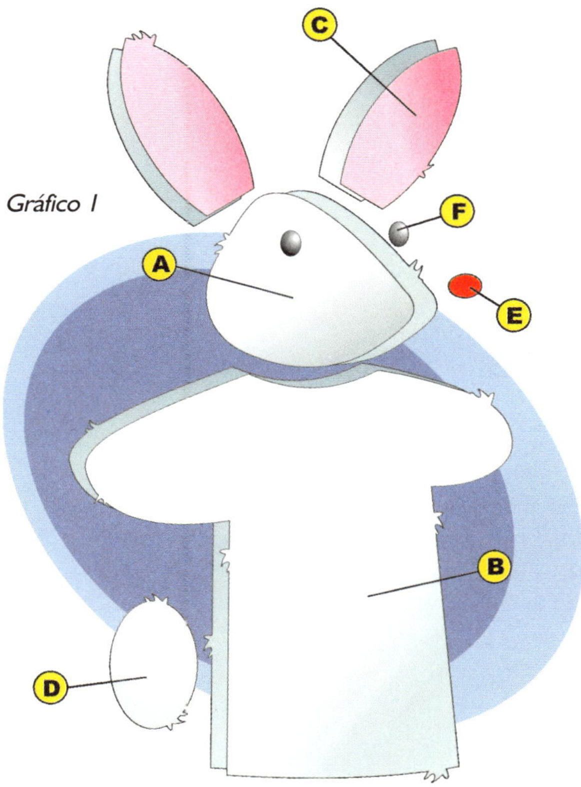

Cuerpo:
Enfrenta las piezas (B) por el derecho y cose el contorno, desde el cuello hasta el bajo.

Cola:
Haz un hilván rodeando el círculo de peluche (D). Sin cortar el hilo, coloca una bola de algodón o guata en el centro y frunce totalmente el hilván, tirando del hilo, hasta cerrarlo sobre el relleno de la cola.

Pega o cose la cola en la parte trasera del cuerpo del conejo.

Montaje:
Con una costura o con pegamento, une la cabeza al cuerpo.

Rellena la cabeza con guata hasta que quede firme.

Por último, pega en la cara los ojos (F) y el morro (E).

Moldes

Amplía los moldes proporcionalmente tomando como referencia las medidas.

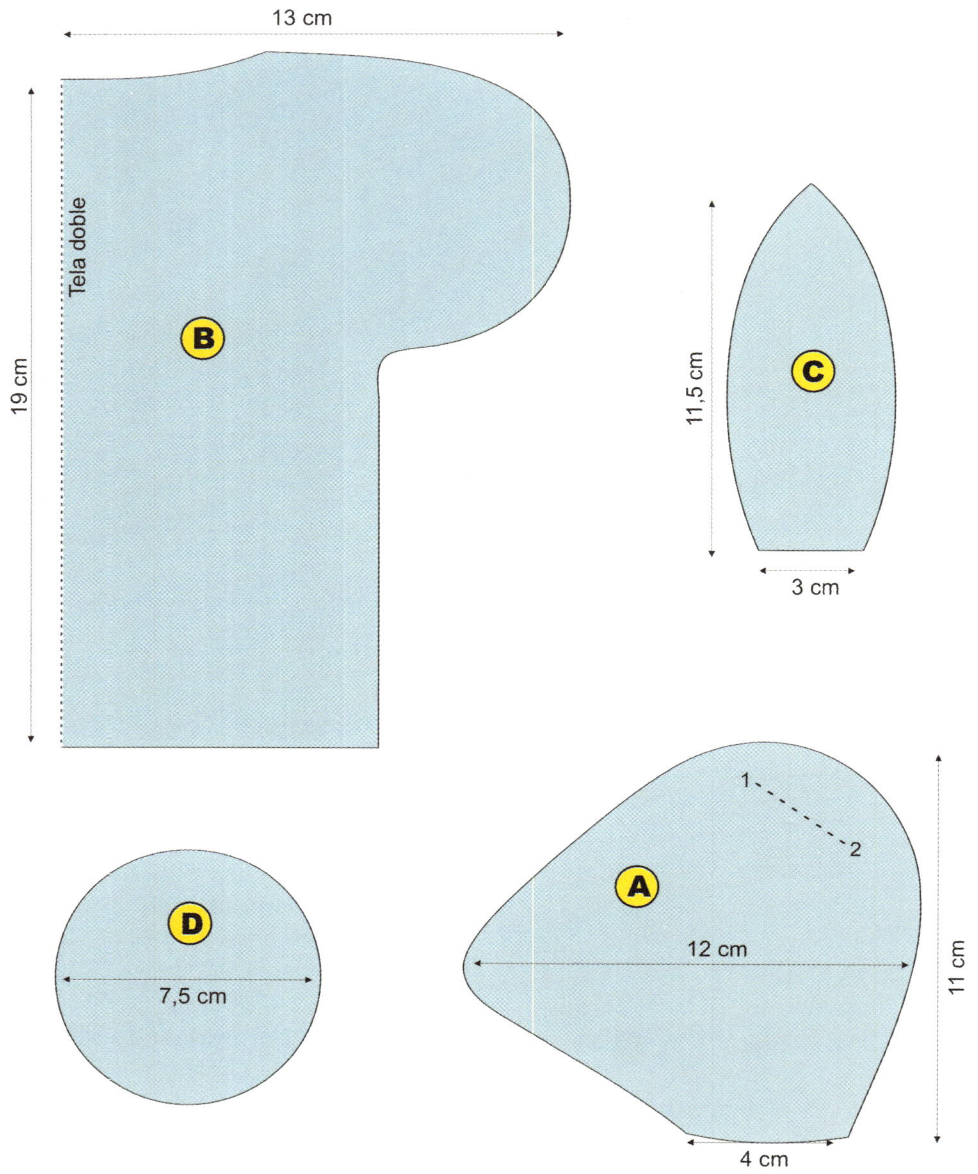

Detalle de las piezas

Corta las piezas en los materiales indicados dejando 1 cm de margen para las costuras.

Ⓐ Cabeza: 2 piezas de peluche blanco
Ⓑ Cuerpo: 1 pieza de peluche blanco
Ⓒ Orejas: 2 piezas de peluche blanco y 2 piezas de fieltro rosa
Ⓓ Cola: 1 pieza de peluche blanco
Ⓔ 1 morro de plástico rosa
Ⓕ 2 ojos de plástico negros